障害をしゃべろう！

『コトノネ』が考えた、障害と福祉のこと

上巻

インタビュー・構成
里見喜久夫
『コトノネ』編集長

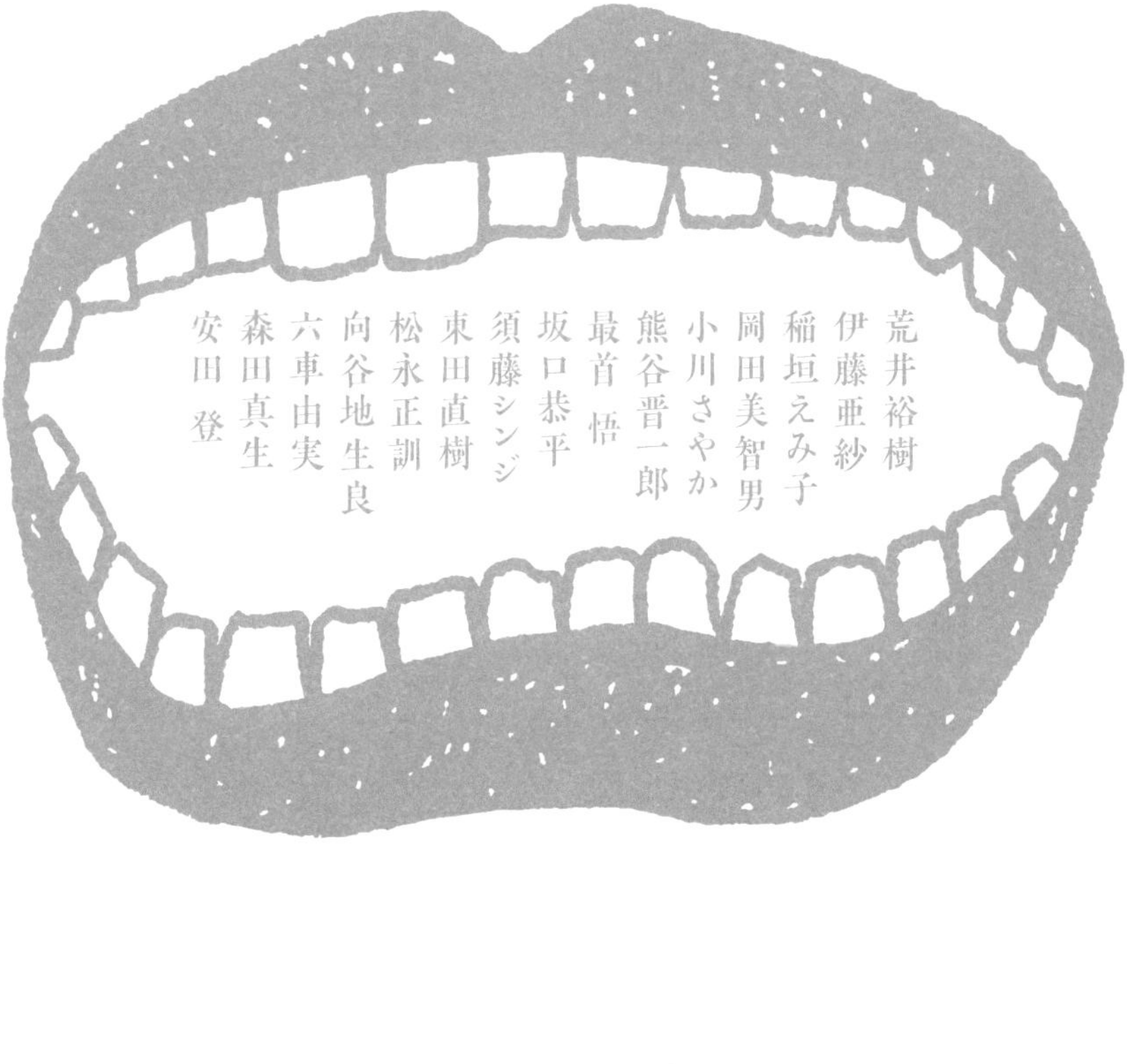

荒井裕樹
伊藤亜紗
稲垣えみ子
岡田美智男
小川さやか
熊谷晋一郎
最首悟
坂口恭平
須藤シンジ
東田直樹
松永正訓
向谷地生良
六車由実
森田真生
安田登

青土社

障害をしゃべろう！　上巻

目次

2　ケアが生まれる

3 「わかる」とは何か

障害をしゃべろう！　上巻

『コトノネ』が考えた、障害と福祉のこと

「当事者」を生きる　はじめに

里見喜久夫

東日本大震災によって、人生を変えた人、変えざるを得なかった人にたくさん出会った。わたしも、そのひとり。この震災がきっかけで、季刊『コトノネ』を発行することになった。それも、テーマが障害者の生きることと働くことなんて、自分でも信じられなかった。

二〇一一年三月一一日（金）午後二時四六分。突然大きく揺れた。会社で立ち話をしていた。壁に手を突いたら、壁とともに揺れた。その真夜中二時頃、やっと家に帰り着く。翌日一二日（土）、福島第一原子力発電所から立ち上る白煙に呆然とした。額に汗がにじんだ。一四日（月）は午後近くに出社。混乱は収まらないが、仕事はあった。街から輝きは消えたが、飯は食えた。被災地は混迷を深めるばかり。スカスカの頭で、とにかく寄付をすることにした。自分とすれば、大枚の額だった。少しは気持ちが落ち着くかと思ったが、逆だった。これで済ますのか、これで済むのか、との声がした。

人は、同じような行為でも、忘れるためにするときと、忘れさせないためにする場合があることを実感した。身の程を越えたと思う寄付は、どっちだったのか。わたしは、わたしなりに十分やりましたよ、もう早く忘れさせてよ、という気持ちの表現だったのか。

この災害は、早くもとの町に戻すことが大切なのではない。むしろ、元に戻さない部分をしっかり見定めた上での復興だろう。いわば、社会をつくり直す。心のざわめきは、そうであって欲しいと言っていた。それなら、わたしも、願うだけでなく、その新しい社会の当事者のひとりになりたい。突然、そんな思いが浮かんできた。

いったい、どうすれば当事者になれるのか。少しずつ動き出した。何もわからず、ウロウロキョロキョロしている時に、たまたま障害者福祉に携わる人に出会った。障害者は、こんな震災被害の前から、生きるのにも働くにも大変なことを聞かされた。雑誌の発行を勧められて、季刊『コトノネ』を出すことになった。障害者福祉に関わった経験はなかった。関心があったわけでもない。「新しい社会の当事者」になりたいなんて大口をたたいたのに、六月になってもそのルートは見つかっていなかった。とりあえず、障害者の世界にしがみついた。

そこは、すごい「当事者」の世界だった。二〇一二年末、季刊『コトノネ』五号の取材で、白石清春さんと会った。白石さんは脳性まひ者として生まれた。車イスを操りながら、福島で障害者福祉の活動を続けている。若い頃は、横浜の青い芝の会で運動の先頭に立っていた。七〇年代、川崎バスハイジャック事件、和歌山の障害者施設占拠事件などで世間を騒がせた。運動というより、からだを張った闘争だった。話を伺って最後に、いままでで、一番つらい、悔しかったことを聞いた。「七〇年代、アメリカでも、障害者の人権運動は盛り上がっていた。私たちと同じような闘争をしていた。ただ、彼らは警察に逮捕され、刑務所にも入れられた。私たちは、同じことをしても、一度も、逮捕されたことはない」。日本では、ただ蹴散らかされ、排除されるだけ。刑務所に収容されない「悔しさ」は衝撃だった。

同じく青い芝の会の活動を代表する横田弘さんは、日本の平和憲法すら、障害者を人として認めていないと言う。「青い芝の会の運動は、日本国憲法を拠り所にすることができない。もし拠り所にできるとしたら、第十四条の「法の下の平等」くらいだ。でも、そこにも「障害者」と言う言葉はない。国からすれば、障害者、特に脳性マヒ者が生きていくこと自体がおかしいということだ」（荒井裕樹『差別されてる自覚はあるか――横田弘と青い芝の会「行動綱領」』現代書館、二〇一七年）。

障害者は当事者だ。当事者が自分のことを決める権利があるはずだ。だが、日本国憲法すら後ろ盾にできない障害者の闘い。そのすさまじさ。

ほぼ四〇年前の出来事を思い出す。三〇歳を過ぎて東京にきた。ベンチャービジネスの会社に勤め、新規事業を任された。中堅規模の服飾メーカーを訪ねた時だった。日本経済は順風満帆。その会社も伸び盛り。販売統括の部長と商談を終えたあと、お茶に誘われた。その方は、銀行から出向して二年になる。「社長から社員になってくれ、役員としてやってほしい」と誘われているという。だが、踏ん切りがつかない。部長は四〇歳半ば。「銀行に戻られるのですか」と聞くと、「いや、片道切符です」と返事。それなら、迷うことはないはずだ。「社長の期待に応えてあげましょうよ。何か、問題でも？」と言うと、少しためらった後、「実は、家内がね、一人娘が結婚式を終えるまで待ってほしいって……」。ウエディングドレスの花嫁。仲人の祝辞「花嫁の御父上は、△△銀行で▲▲の要職に着かれて……」。晴れやかな席で、その一言、その一瞬のために、部長は苦悩していた。その当時でも、十分バカバカしい。部長だって部長の奥さんだってわかっているはずだ。でも、当時は抜けられない人がいた。世間体という呪縛。世間の認証を得る快感と安心感。

当事者として生きられるはずの健常者は、当事者であることに苦しんでいる。あっさり当事者を誰かに預けて生きようとする人もいる。ラクな気がするから。障害者には預ける先がない。当事者になるしかない。そんな障害者と健常者が語り合ったら、どんな風景が見えてくるのだろう。少しずつ、二人を当事者にしてくれるはずだ、と信じている。

1
当事者である／になること

「ファッション」は、障害を超える

須藤シンジ

須藤シンジ（すどう しんじ）
1963年、東京都生まれ。大学卒業後、大手流通企業に入社。次男が脳性まひで出生。福祉の世界を知る。2000年に独立し、有限会社フジヤマストアを設立。２年後にはソーシャルプロジェクト・ネクスタイド・エヴォリューションを開始。2012年、NPO法人ピープルデザイン研究所を設立。国内外の行政や大学と連携した活動を展開中。

脳性まひの次男の誕生で、須藤シンジさんは、新しい人生を発見する。障害者だけが「障害」に困窮しているわけではないことにも気づく。意識のバリアを、カッコよく壊す。日本を変えるのは、たいへんだけれど、まず「渋谷」から変えようと動き出した。

「次男のおかげで、助けられた」

――今年（二〇一三年収録当時）の二月に、NHKの『地球テレビ　エル・ムンド』(※1)に出演された須藤さんの話を聞きました。ものすごく楽しく障害者の生き方を語ってくれましたね。

須藤　軽薄にね（笑）。

――障害者を「ファッション」をテーマに話すなんてカッコいいなあ。ぜひお話を伺いたい、と思いました。

須藤　いやいや、カッコ悪いですよ、僕。

（※1）『地球テレビ　エル・ムンド』
NHK・BS1にて二〇一一年四月から二〇一三年三月まで放映された情報番組。二〇一三年二月二一日に放映された同番組に須藤さんが出演。「ブラインドサッカー」と、NPO法人ピープルデザイン研究所の活動を紹介した。

――いやあ、須藤さんはカッコいい。副店長にまで昇進されて……。ビジネス人生も満たされていたじゃないですか。

須藤　とある大手流通企業に拾っていただいたんですけど、どうしても宣伝の仕事がしたくて。当時は広告にお金をかけているように見えました。八〇年代に入社する一万人の社員は、ほとんどがそういう華やかな仕事を志望していましたね。

狭き門じゃないですか。だから目立たなくちゃと、最初に配属された靴売り場で、当時全社員に課されていたエアコンの拡販で、初年度に二三台売って、営業成績がナンバーワンになったんですよ。そうすると広報室が来るじゃないですか。社内報で「恐ろしき新人社員あらわる!」と取り上げられて。その時に「広報室って宣伝の近くですか、推薦してくださいよ」って言い続けたんです。

――その後副店長から店長の道を歩まず、退職して独立されたわけですね。それはご次男が生まれたのがきっかけですか?

須藤　間違いないです。彼のおかげで助かったって感じですよ。

――助かった?

須藤　そうです。次男が、新しい生き方を教えてくれました。

だって、それまで、社会的な名声と金銭を得ることイコール成功だ、と思ってきたんですから。それ以外の人生は、まったく見えなかった。

僕はサラリーマン時代、当時の年齢からすると高額な年収をいただいていたし、将来目指すべきは役員かグループ会社の社長かなどと考えて生きていました。

——その生き方を、息子さんが捨てさせた。

須藤　一九九五年に次男が生まれた。脳性まひで、歩けない。それどころか動けないかもしれないと医者から言われた。

でも、周りが「ダメ」と思ったら、きっとこの子は本当にダメになるなと、僕は直感的に思いました。だから、理屈では測れない可能性とか、動物としての生きる本能を信じる気になった。

脳性まひの次男が、ある日、突然、立った

——お医者さんが言ってもあきらめなかった。

須藤　妻も働いていて、次男を保育園に預ける時にも、福祉課に頼んで「一般の保育園に預けさせてくれ」とお願いしたんです。「動けない状態なんだけど、〇歳児から預かってくれ」と。

それが功を奏したのか、二歳を少し過ぎた頃、僕がたまたま家にいた時に、ファンヒーターのフチにつかまって、立ち上がったんですよ。ハイハイもできなかった、寝返りを打つのがせいいぜいだった次男が。ムクッと立ち上がる瞬間を、目撃したんです。

——そりゃ、感激ですね。

須藤　一瞬の出来事で、感激するより驚きました。「おお！　立てたね」みたいな。台所にいた妻とも「おお、カズ（次男の名前）すごいね、立ってるよ！」と驚きあって。

その時に、いままでどおりのモーレツサラリーマンをやっていたら、もしかしたらこの瞬間に立ち会えなかったかもしれない、と思って。

サラリーマンってなんだろうって、そこではじめて考えたんですよ。

サラリーマンは、給料を毎月安定してもらえる代わりに、時間をコントロールする権利を会社に委ねている。でも自分自身に時間をコントロールする権利さえあれば、息子のこれからの成長の一瞬一瞬を目撃できるかもしれない。お金より、安定より、こっちのほうが、人が生きている喜びに近いんじゃないかって。

——三二歳にして、新しい人生の物差を発見した。それを息子さんが教えてくれた。

須藤　そう、そのとおりですよ。はじめてです。想像もしてなかったですよ。

——結局、三七歳の時に退職される。出世街道を降りて独立された。その時に「コミュニケーションチャーム」(※2)の発想はなかったんですか？

須藤　まったくないです。コミュニケーションチャームの発想が生まれたのは、ほんとについ一年前くらい（二〇一三年当時）。二〇一二年に、ＮＰＯ法人「ピープルデザイン研究所」を立ち上げてからです。

独立後始めた活動が世界のトップクリエーターたちと連携しながらいまも続いている、ソーシャルプロジェクト「ネクスタイド・エヴォリューション」です。ファッションとかエンタメ、スポーツっていうワクワクするようなコンテンツを手段にしながら、ハンディキャップがある人とない人を混ぜていこうという活動を一〇年続けていました。これが僕らのいうところの、混ざり合って当たり前な意識づくりのためのプロモーション、つまりダイバーシティ（多様性）(※3)の第一ステップだったわけですよ。

実は、誰でも、マイノリティになりうる

——ダイバーシティは、当初からのコンセプトとしてあったわけですね。

須藤　はい、ダイバーシティの発想から、ネクスタイド・エヴォリューションが生まれました。その原点は、次男が成人した時に、障害者関連の法制度や物理的なバリアフリーだけで

（※2）コミュニケーションチャーム
ピープルデザイン研究所が企画開発したアクセサリー。「困っていたら、わたしに声をかけてください！」、「わたし、ハンディのある方のサポートをします！」という意思表示のサインとなる。
（※3）ダイバーシティ
「多様性」。社会学的には、文化・宗教・民族など多種多様なバックグラウンドを持った個人がアイデンティティを担保しながら共存できる社会やコミュニティのありようのこと。

は本当の意味での「独りで生きる」という実現が難しいな、と思ったところにあります。欧米と比較して、日本は圧倒的に「閉じて」いる。

——そうですね。日常生活の中で、障害者が目に触れることが少ない。交わりが薄い。

須藤　親の意識、そして最近は随分変わってきましたが、学校での環境をはじめ、幼少期からの習慣。それらによって形成される日々の価値観こそがポイントだと思うんです。

バリアっていうのは物理的なバリアじゃなくて、健常者と障害者双方の心の中にある。このバリアを壊さなければいけない。じゃ、なんでバリアができてしまったかと言うと、障害者と健常者クラスを分ける現代の教育の仕組みと、もう一つは純粋に慣れてないだけだっていうのが僕の仮説でした。

——同じ時間、同じ空間で過ごせばいい。

須藤　誤解を恐れずに言えば、僕自身がそうだったように、多くの日本人にとって、障害者に直接触れ合う頻度は、お化けか宇宙人に出会うみたいなものですよ。彼らを知らないから、無知だからこそ、不安に思ったり恐怖を感じたりする。

ただ単に、触れ合い方に慣れていないだけなんです。家や小さなコミュニティの中にとどまっている障害者の方々も、どんどん街や多くの人と触れ合う場面に出てきてほしい。

混ざり合う動きをつくっていくことでお互いに「慣れる」ことが、なにより必要だと考えるようになりました。

――障害者と健常者、両方への働きかけがいるわけですね。

須藤　働きかける手段を、ファッションや映画、スポーツといったコンテンツに求めました。いわば、装置としての「ニンジン」です。

仮に、われわれ健常者がいる場を「オンステージ」、障害者がいる場を「オフステージ」とすると、「オフステージ」にいる障害者の課題を解決しようとしていたのが、いままでのバリアフリーデザインだとか、黎明期のユニバーサルデザインだったと思います。

僕らは「オフステージ」からピックアップした課題や要素を、「オンステージ」の人たちに伝える、あるいは売れる状況にして発信する。世界中のクリエーターのコンテンツの力を使ってファッションというおいしそうな「ニンジン」に託して、混ざり合った世の中をつくろうよとメッセージしているのです。

障害者が履ける靴を、セレクトショップで売る

――具体的には？

須藤　たとえば、スニーカーです。型はアシックス、ハイブランドで活躍する一流のデザイナーにデザインしてもらいました。

福祉の靴って面ファスナーが使われていることが多いんです。靴ひもそのものが大切なデザインの一部なのに、いままでのアプローチでは履きやすさを優先し、商品の見え方やデザ

インを二の次にしてきました。フットホールがスノーブーツのようにダイナミックに開く機能をデザインコンサルティングすることで、靴ひもを残したデザインが実現しました。

福祉の匂いの消えない、かつての「バリアフリーなデザイン」と形容詞がついた時点で、ファッション感度の高い人たちは無意識のうちに敬遠します。健常者の僕らは買いたくないじゃないですか。どんなにかっこよくても。

わたしのポイントは、これを最新のおしゃれなスニーカーとして、普通のファッションの市場で売る、ということです。

――あえて、売るターゲットも売る店も「ファッション」にこだわる?

須藤　障害者福祉専門販売店から取り扱いたいというリクエストもありましたが、活動当初はお断りしていました。僕らのターゲットは一般ユーザーです。一般のファッションブランドとまったく同じようなブランディング手法で販路にもこだわってきました。

心のバリアを壊して混ざっていくことが重要です。健常者、若いお父さん、お母さんには、子どもたちのしつけや教育の中で、「混ざっていくのはアリだよね」と伝えてほしかった。そういう人たちがみんな興味を持っているのが、ファッション。だからセレクトショップに並ぶようなものにしたい。セレクトショップのバイヤーに選んでもらうためには、誰でも知っている有名なデザイナーに、という逆算から生まれた企画の構造なのです。

国や行政や法律では、弱者は救われない

——障害者のマーケットを壊して、障害者も健常者もないマーケットをつくっていこうじゃないかと。

須藤　いや、障害者のマーケットを壊そうなんてみじんも思っていないですよ。僕がつくりたいのは「混ざっていて当たり前」という価値観なんです。たとえば駅で、駅員さんが三人がかりで車いすの人の乗車を手伝っている。この風景を僕らは当たり前のように受け入れている。それは駅員さんの仕事であって、僕らの仕事じゃないよね、っていうこの「違いの意識」を再生産しているという側面になかなか気がつけない。

なんでも欧米がいい、と言うつもりはありませんが、ヨーロッパではデコボコの石畳がいまでも多い。にもかかわらず、四〇過ぎてもおしゃれして車いすで街に出たりする。あるいは、バスを待っていると乗り合わせた七〇歳くらいのおじいちゃんが、車いすの中学生に「君、荷物を持とうか」って言って手伝う。こういう意識が習慣化する世の中にならない限り、制度と法律と障害者年金じゃ、うちの次男は自立できないだろう、っていうのが、親としての実感だったんです。

——制度や法策の前に、一人ひとりの意識に働きかける？

須藤　混ざって誰かが助けてくれるっていう世の中になっていれば、お金がなくても何とかなる。そんな社会にするために、僕自身がサラリーマンとして持っていたスキルをそのまま活用して、この活動を行っているんです。

目的はダイバーシティの実現です。混ざり合うための「ニンジン」をつくり続けるには、商品が売れ続ける必要があって、障害者向けのマーケットでは商売になりにくい。そのために一般市場を選んだんです。

――障害者を通して、日本の社会そのものが見えてきますね。

須藤　障害者の目線からはじめたことですが、どうも国籍の違う人たちや性的マイノリティと言われる人たちも相当多くの悩みを抱えているらしい、ということがわかってきました。街中でバギーを押しているお母さんも、一歳の子どもを乗せて、二歳半の女の子の手をとって、スーパーの袋を持って帰っていくっていうこの状況は、期間限定のハンディキャッパーだよな、と。子育て中のお母さんは、いわば三年間限定の障害を抱えているようなものです。

彼らマイノリティへの寛容や共存、混ぜていく動き。この一連の動きを、ファッションやデザイン、エンタメやスポーツなどのワクワクする手段を使って実現していく。ダイバーシティを実現する。それを新語として「ピープルデザイン」という概念にしたんです。

この概念を使い始め、これについては点ではなく面でやろう、と思って「ピープルデザイン研究所」という、東京・渋谷区をベースにこの動きを展開するＮＰＯ法人を立ち上げました。そこで出てきたのが「コミュニケーションチャーム」です。

自分にできることを「持ち寄る社会」へ

――お手伝いしましょうか、と声をかけるのに勇気がいりますね。善意も余計なおせっかいになるような気がして。「コミュニケーションチャーム」なら、黙って寄り添うだけ。声をかける方にも、声をかけられる方にも優しい。でも、日本ではマイノリティの受け入れ方に慣れていない。しかも、マイノリティをドンドン増やしている気もする。どうすればいいのでしょうか。問題が大きすぎますね。

須藤　答えは非常に簡単で、それぞれ課題に気がついた人が、その人が持っている社会的な時間や能力を、人のために使うっていう行為として出力すればいいんじゃないですか。通勤途中でも、買い物の最中でも、なんでもいいんですよ。だって一億二〇〇〇万人以上、四〇〇〇万世帯くらいあるわけですよ。一つの家族が一つそれを出力すれば、四〇〇〇万件の「思いやり」が実現するわけじゃないですか。

僕は、ビジネスマンとして培ってきたスキルに加えて、息子を介してできるご縁、ネットワークを使って世の中を変えることは可能だと考えています。今後は「ニンジン」というよりも「野菜畑」。媒体は渋谷です。渋谷の街に絞って「混ざり合う」動きを見せていく。これが僕の、これからの一〇年の目標です。気づいたら、動く。言うだけなら、誰も動かない。思っていても、動かなければ、何も変わらないですから。

〈取材から八年後の須藤さん〉

取材したのは、二〇一三年六月。その時、「媒体は渋谷です。渋谷という街に絞って「混ざり合う」動きを見せていく。これが僕の、これからの一〇年の目標です」と話してくれた。公言通り、取材の翌年二〇一四年にイベント「超福祉展/Supor Welfare Expo」が始まった。「ハンディキャップがある人=障害者が、健常者よりも「カッコイイ」「カワイイ」「ヤバイ」と憧れられるような未来を目指し、「意識のバリア」を「憧れ」へ転換させる心のバリアフリー、意識のイノベーションを「超福祉」と定義する」と語るように、美しさは障害者や健常者の垣根を崩し、二つは「混ざりあった」。

ピープルデザインの発想は、海外でも注目を集めるようになった。フィンランド、オランダ連邦、ニュージーランドなど、多くの国から須藤さんは招聘されている。「若者たちには、渋谷から日本を変えるだけではなく、世界に学んで変えていってもらいたい」。内と外、両面からの「ピープルデザイン」を志向している。来年にコロナが収まれば、須藤さんは、どこにいるのだろう。

＊＊＊

「ホームレス」と「ライフレス」

坂口恭平

坂口恭平（さかぐち　きょうへい）
1978年、熊本県生まれ。2001年早稲田大学理工学部建築学科卒業。死なないための方法として、作家・絵描き・踊り手・歌い手などの表現活動を続ける。2011年３月、東日本大震災をきっかけに熊本にUターン。同年５月、一人で独立国家を樹立。新政府総理に就任。著書には、註で紹介した以外に、『独立国家のつくりかた』（講談社現代新書）、『現実脱出論』（講談社現代新書；増補版　ちくま文庫）、『徘徊タクシー』（新潮社；新潮文庫）、『自分の薬をつくる』（晶文社）、『躁鬱大学』（新潮社）など多数。

ホームレスと呼ばれる人たちのすみか、ブルーシートで覆われた小屋は、立派な「家」である。その暮らしぶりには、生きる知恵とよろこびがあふれている――。

そう宣言するように、坂口恭平さんは写真集『0円ハウス』(※1)を世に出した。と言っても、ほとんどの人は、橋の上からブルーシートを一瞬見下ろすだけで通り過ぎるだろう。

けれど、一度ぐらい聞いてみればいい。橋の下から見上げられたわたしたちは、どのように見えているのか。坂口さんは教えてくれる。

無認可障害者のシアワセ

――二週間ほど前に鬱状態に入られたと聞いたんですが、もう大丈夫ですか。

坂口　はい、ここ(収録会場のホテル・ラウンジ)に来れましたから。

――躁鬱病だけれど、障害者手帳(※2)は持っていないんですよね。

(※1)『0円ハウス』
二〇〇〇四年、リトルモア刊。東京・大阪・名古屋の三都市で出会った路上生活者たちの家をまとめた写真集。坂口さんがつくる家には、意識と無意識が色濃く反映され、あふれるほどの個性と機能性が混在している。「家」という箱、本来の意味を問いかける。

坂口　熊本市に申請したんですが、審査ではねられた。

――無認可の障害者？

坂口　そう、もぐりの障害者です。理由は聞いていないですけど、心療内科の主治医が言うには、ちゃんと稼いでいるからじゃないですかって（笑）。

――『坂口恭平　躁鬱日記』(※3)にも、年収一〇〇〇万円以上とありました。

坂口　そのころ、半年ぐらい寝て暮らしていて、いつさく裂するかわからない爆弾を抱えている状態だったけれど……。でも、まぁ、稼げなくなったら、申請しましょうっていう感じですかね。

――躁鬱病との付き合いは、いつごろからですか。

坂口　病院で診断を受けたのは、二〇〇九年だから、五年ぐらい前ですね（二〇一四年当時）。

――それまで、自覚は？

坂口　表に出はじめたのはたぶん大学生のとき。大学進学で上京してからですね。それまでは、準備運転期間中というか……（笑）。高校のときも、やっぱり、おかしかったですよ。

――他人から、おかしいよ、と言われたことは。

坂口　人に言われたことはあんまりないかもしれない。でも、あり得ないことをずっとしたがるときと、やった後やたらと打ちひしがれるというか、そういうこともあった。でも、病院に行こうとまで思っていなかったなあ。

――思春期って、みんなかなり怪しいから人には言えない妄想も多くて。

坂口　だから、ボクもそういうことなのかなっていう感じでしたね。

――そのレベルを超えたのが、二〇〇九年ごろですか。

坂口　だんだん、重たくなって……。もう体がちょっと動かなくなって。これはおかしいだろうと思って。で、そのままずっといくかと思ったら、ある時点で治って、いきなり活発になるんですよ。そのときはもう結婚してましして。妻はそういうもんだと思っていたみたいですよ。

ボクの中では、認めてなかったというか、認めたくなかったのか……。あんまりわかっていなかったんですね、躁鬱がどういう病気なのか。

――で、やっと、病院に行って。

（※2）　障害者手帳

障害者福祉関係のサービスの利用資格を示す証票となるもので、身体障害者手帳、療育手帳（知的障害が対象）、精神障害者保健福祉手帳がある。施設利用、医療給付、補装具などの福祉サービス利用、運賃割引、税の減免など、手帳の所有を要件としている。

（※3）『坂口恭平　躁鬱日記』

二〇一三年、医学書院刊。家族とともに、建てない建築家、冴えない天才、治さない患者である坂口恭平が生きるために綴った、涙と笑いと感動の当事者研究。

坂口　はじめは、鬱病みたいなことを言われていたんですけど。なんか話を進めると、躁鬱かもしれませんって。結局、問診でしか答えは出せないので。だから本当にそうなのかっていうことは、ずっと思っていました。

――いまは間違いないんですか（笑）。

坂口　わかんないです（笑）。症状を見る限り、そうなんでしょう。

躁と鬱、二つのプラレール

――鬱って、どうなるんですか。

坂口　鬱のときは、ただただ苦しいだけです。ボクの頭の中には、躁と鬱の二つプラレール（※4）があるんですよ。躁から鬱に、いきなりガチャンとプラレールが換わる。すると、鬱のプラレールをグルグル回り続ける。そういう感じで……。

あらゆることに、地獄が見える。カップを手にとろうとしても、地獄が迫ってくる。もう、だから、何をするのも躊躇するというか。で、だんだん追い詰められて、それこそ、閉じ込もっていくんですよね。

――何があっても、抜け出せない？　奥さんのフーちゃんから呼びかけられても？　かわいいお嬢ちゃんのアオちゃんから誘われても？

坂口　鬱のプラレールは、途中下車ができない、飛び降りることもできない。

――『坂口恭平 躁鬱日記』によると、「鬱期の恭平さん」に「躁期の恭平さん」が、手紙を書きましたよね。フーちゃんに言われて。あの手紙を、「鬱期の恭平さん」に読ませたのですか。

坂口 「君には全く理解できないかもしれないが、私は今、とてつもなく幸福である。それが躁状態の坂口恭平の気分なのだ。君はきついよね、分かるよ。本当は分からないけど。……」と長々書いたけど、なんの効果もなかったです。やっぱね、二つは別人みたいですね。

手紙は目の前に貼ってあるんで、開けて読み出したりするんですが、「いやあ、こいつ、ほんとわかってないな」って、思いますもん。

――じゃ、その二人の会話は成立しない。

坂口 全く、できないでしょ。言語が違うんじゃないですか。日本語じゃないような感じがします。

鬱のプラレールに入ったら止められない。いつかは、プラレールが切り換わる。そのときを待つだけです。待てばいいのです。昔は、半年ということもあったけれど、いまは、三カ月もかからない。一週間のときもあります。

――だんだん軽くなっているんですね。

（※4） プラレール

タカラトミーが発売・販売している鉄道玩具。

坂口　いやいや、それが手ごわくて。スーパーラット(※5)的なんですよ。

——しぶとく、くたばらないネズミですか。

坂口　そうそうそう、それがハンパじゃないんですよ。

——躁のときの坂口さんも、どんどん変わってきているんでしょ？

坂口　そうですよね、それに対応しないといけないから、自分も変わるわけですよ。どっちがオレだかわかんないですけど。嫁に言うと、全部お前だって。

——両方好きやって言ってくれるんでしょ？

坂口　どっちでもいいよ、って言うんだけど。オレにとっては、躁も躁で大変ですけど。普通が一番いいっすよ。

ブルーシートの「0円ハウス」

——でも、坂口さんは、発想も普通じゃないですよね。早稲田大学で建築を学びながら、ホームレスに関心を持って、写真集『0円ハウス』を出版された。建築家が、ブルーシート・ハウスに関心を持って、どうするんですか。

坂口　最初は、彼らを、「ホームレスの人」だと思ってました。なんらかの欠落をしているとか、何かの問題がある人なんじゃないか。そういう人たちの生き方じゃないか、と見ていました。

――『0円ハウス』の帯では「鳥の巣」にたとえていました。

坂口　そう、鳥が巣をつくるように、人間の巣をつくるんじゃないか……みたいなことを書きました。人間の家とは違うという認識ですね。

――建築を学んだ人なら、家と認められないでしょう。

坂口　建築学的な引いた視点を借りて見ていました。でも、ホームレスの人たちと話をしていると、しっかりした生き方を持っていて、それに合った家を建てている、とわかった。技術もすごい。とても「鳥の巣」レベルじゃない。

――どんな家づくりに心が揺さぶられたのですか。

坂口　釘を使わないで、家を建てている。瞬時にバラして、瞬時に建て上げられる。第一、釘を使うと、逆に壊れやすくなることを知っている。「揺れるんだったら、それに身を任せた方がいい」という発想も、理にかなっている。地面に固定していないで、川の水があふれたら、水に浮き、船になる家もある。こだわりがない。知恵が詰まっているでしょ。

――大きなショックだった。

坂口　建築家でありながら、住まいをつくることに関して何も考えてないし、建てる技術も

（※5）　スーパーラット
殺鼠剤に耐性のあるネズミ。同じような薬剤を使い続けた結果、進化し、抵抗力を持ったとされている。

ほとんど持っていない、と自分のことが思えてきて……。
話を聞くほど、とんでもなく焦って、いつも家に帰ってたんですよ。それこそ、動悸が激しくなるくらい。
とんでもないことを隠して生きていることにも気づいたんですよ、自分自身が。

――何を、隠していたんですか。

坂口　家とかに関しての最低限必要な技術を必要としないまま生きてきた。ボクもそれを半分わかっているわけですよ。で、それでもいいかって思って、放置するわけじゃないですか。でもそのことがボクにとっては、すごく怖くなったんです。

――建築家を超えて、一人の人間としての生き方を問い直した。

坂口　ボク、自分は人間じゃないと思ったんですよ。ホームレスと世間で言われる鈴木さん(※6)の方が人間である、っていうふうに思ったんです。

――「ホームレス」の人には、しっかりした暮らしがあるのに。われわれは、「ホームレス」ではなくても、「ライフレス」じゃないか。

坂口　そのとき、ボクは、鬱屈した思いを抱えていて、それこそ思春期、モラトリアム時代の悩みだと思っていたんですけど、そうじゃないような気もしてきたんです。
もっと根本的に土台がもう「ぐじゅぐじゅ」で、その「ぐじゅぐじゅ」の地盤の上に、無理やりコンクリートで固めて家を建てようとしている。そんな人間になろうとしていることに、恐怖感を抱いたんです。

――わたしも、『TOKYO 0円ハウス 0円生活』(※7)で、「一二ボルトでだいたいの電化製品は動く」のを知って、ショックでした。なんにも知らずに、生きてるね、そんな生き方のどこが楽しいの、と言われた気がした。

坂口 建て方だって、大工さんの方が、実は知っているわけですよ。それなのに、建築家たちは、西洋から学んだ建築方法一辺倒で済まそうとしている。自分もその側に立っている。四歳くらいから持っていた違和感とも、つながりました。

自分で見つけた生き方、自分で工夫した家

――はじめての小説『幻年時代』(※8)で書かれていた世界ですね。

(※6) 鈴木さん
『TOKYO 0円ハウス 0円生活』に登場する男性。一九四八年生まれ。坂口さんが知り合った当時は、五九歳。総工費〇円のブルーシートの家で、バッテリーで電化製品を動かし、快適な暮らしを営む。人生の達人のような生き方。坂口さんは「東京の遊牧民」とも表現する。

(※7) 『TOKYO 0円ハウス 0円生活』
二〇〇八年、大和書房刊：河出文庫。「東京では一円もかけずに暮らすことができる」。墨田川のブルーシート・ハウスに住む都市生活の達人鈴木さんに学ぶ、新しいサバイバルの知恵がつまった本。

坂口　ボクは、社宅の団地で育ったんです。こんな団地、嫌だ嫌だ、と思っていた。なんでオレら家族だけで暮らさなきゃいけないの、とも。大人は大人だけで固まっていればいいじゃないかって。

子どもたちは子どもたちだけで遊べていた方がいいって。もっといろいろな生き方があるじゃないか。そんなことをちっちゃいころからやたらと思ってたんです。なんや、こういう住まいの在り方は、あんまりおもしろくないって思ったんですよね。

――そんな子どもの思いは、誰にもぶつけられない。誰も聞いてくれない。

坂口　親父の仕事だって。会社で何してる？って訊くじゃないですか。コンピューターに向かっている。ディスプレイに出た波形を見ているけど、何の波形かはわからない。

つまり、何をしているかわからないという仕事を、とにかくしている。よくわからないけど、いいって言う。でも同時に親父は子どもたちを、貧乏させないように育てたいという思いもあったんですよね。

そういうのは、「くそったれ」だなと思うわけです。親父とかに、じゃないですよ、その世の中のシステムに対して。何してるか、実感なくて、「家」で時間を過ごして、それで、鈴木さんたちを「ホームレス」と呼んでいる。「ホームレス」って、いったいどっちなんだ。

――『TOKYO 0円ハウス 0円生活』でも、「鈴木さんはホームレスではなく、自分が安心して暮らせる「ホーム」を持っている。対して僕たちは家に住んでいるかもしれないが、実は「ホームレス」なのかもしれない」と書いてますね。暮らすとは、そのホームとは何か。

坂口　鈴木さんは、調べれば調べるほど、ホームレスじゃないと思う。ま、障害者もそうですけど。

生きるために必要なだけのお金を稼ぐ。さまざまな工夫をして、生活をつくっている。生活をこんなに楽しんでいる人が、「ホームレス」と見なされてしまう。まっとうな人たちでない枠に入れられてしまう。

多数の中に身を置いているから、まっとうなのか。それって、なんやねんって思うんですよね。

障害者から、自分を見れば

――障害者とホームレスは似ているのですか。

坂口　「ホームレス」はかわいそうな人、生活に困っている人としか、見ていない人がいる。

（※8）『幻年時代』
二〇一三年、幻冬舎刊。四歳の春。電電公社の巨大団地を出てはじめて幼稚園に向かった。なんの変哲もないこの四〇〇メートルの道行きは、自由を獲得するための冒険のはじまりだった。路上生活者に教えを乞い、一人で国家をつくった男の原点とは――。

人は、そんな簡単にひとくくりにはできないって思うんです。障害者だって、支援してあげなきゃいけない人というのも、違うんじゃないか。どんな人だって、できることがあれば、できないこともある。基本的には、障害者と、できないこと、できることが違うだけなんだ。その差を大きく見せているのは、世の中のいまのしくみのせいで。一言で言えば、「ホームレス」とか、「障害者」として見ないで、一人ひとりを見て、付き合っていけばいいじゃないか、ということなんです。

——ご自分は、鈴木さんのような暮らしはされませんよね。

坂口　ボク自身は、絶対に、できないですよ。

——いざとなったらできる。

坂口　いざとなっても……、やらないんじゃないですかね。できないってことが少しずつわかってきたんです。それもすごい批判されるんですよね。お前ができていないのに、言うなよって。

——自分がやれることしか書けないのか。自分が価値を認めたことを書くべきなのか。

坂口　鈴木さんの生活はできないけれど、鈴木さんの生活の価値に気づくことができた。それだけなんですけど。それで、ボクは鈴木さんの生活ができない人だけれども、鈴木さんの生活をやってみたいっていう人が出てくると思う。それは、それでいいじゃんって思うようになったんです。

――鈴木さんとは違う、生活のよろこびも見つけたからでしょうね。それが、『坂口恭平 躁鬱日記』の中にありました。「つくってきたばかりの竹笛を小さく吹き、うぐいすを坂口家に登場させた。虫かごの蛍が光っている。フーは、弦におっぱいをうつらうつらあげている。アオは僕たちと正反対になり、弓のように体をくねらせ、すべての毛布を蹴散らし、ただ素に寝ている。風呂場の換気扇の音が静かになっている。そんな家族の風景」。坂口さんは、坂口さんの生きるよろこびを見つけたのですから。

坂口 『TOKYO 0円ハウス 0円生活』でも書きました。「金銭的な価値を基準にした生活ではなく、人間的な生活を送るために0円生活をやっていると、とることもできる。都市というところは、その中間が存在しない所なのかもしれない。人はどちらかを選択しなければいけないのだろうか」。

ボクは、ボクの人間的な生活を見つけた、ということです。世の中の多くの人の視線や、金銭を多く得ることや、それによって生活の快適さを追求することではなく……。

地下水が聞こえる

東田直樹

東田直樹（ひがしだ なおき）
1992年、千葉県生まれ。重度の自閉症。パソコンおよび文字盤ポインティングにより、援助なしでのコミュニケーションが可能。エッセイ、童話、詩、絵本など著書多数。2013年7月にイギリスで発売された『自閉症の僕が跳びはねる理由』はその後アメリカ、カナダでも出版され、全世界で117万部を突破（2021年現在）し、話題となっている。

葉っぱの朝露が、大気の中に見えない水があることを教えてくれる。
乾ききった砂漠にも、オアシスが地下水の存在を示してくれる。
川だけに水は流れるのではない。地下にも豊かな水脈をつくる。
その土で浄化された水を取り出して、地上の水と比べるがいい。
手ですくって口に含むように、
自閉症の東田直樹さんの奥深くから湧き出る言葉を聞いた。

——雑誌『コトノネ』の里見です。よろしくお願いします。

東田　よろしくお願いします。おわり。

【直樹さんは、文字盤ポインティングしながら、それを読み上げるように話す。話し終えれば、必ず「おわり」と言う。】

——直樹さんの本を読ませてもらって、お話を伺いたいと、ずっと思っていました。

東田　うれしいです。うれしい出会いは、つかの間の休息に、似ています。おわり。

——イギリス人作家デイヴィッド・ミッチェルさんによって、直樹さんの本『自閉の僕が跳びはねる理由』(※1)が翻訳されました。その『The Reason I Jump』(※2)は世界中で出版され、ベストセラーになりました。この本で、自閉症の子どもの気持ちがわかった、という人がたくさんいると聞きましたが。

東田　ぼくの本を読んでくださった方から、気持ちが救われたという感想をいただくことがあります。けれども、ぼく自身はそんなふうに思ったことはなく、ぼくの方が読者に、救っていただいたと思っています。おわり。

【直樹さん、ちょっとうるっとして、部屋を出る。お母さんの美紀さんは「急に気持ちが高ぶったみたいです」と説明してくれた。一五分以上時が経って戻ってくれた。】

東田　なんだか、うれしくなってしまって、泣いてしまいました。
　ぼくみたいな人間の言葉を、一生懸命に聞いてくださって、ぼくは感謝しています。それは、作家としての大きなチャンスを、いただいたと思っているからです。おわり。

——世界の読者から、お便りなんか来るんですか？　本のここがよかったですよ、とか。

東田　感想をいただくことがあります。それは、ぼくにとって、大きな励みになっています。誰かに自分の思いが届くのは、幸せなことだからです。おわり。

——どんなお便りが印象に残りましたか。

東田　努力してもだめだとあきらめていたのに、ぼくの本を読んで、もう一度がんばろうとしてくれた人がいたことです。ぼくは元気を出して、生き続けるのがどれだけ大変か、知っています。おわり。

みんな気持ちに折り合いをつけながら、毎日を送っています。苦しくてたまらないときに、ぼくの言葉が生きる勇気につながるのは、作家を仕事にする者にとっては、よろこびの一つです。おわり。

――直樹さん、話は飛ぶんですけどね、二〇一四年に出版された『跳びはねる思考』[※3]の中に、びっ

（※1）『自閉症の僕が跳びはねる理由』

二〇〇七年、エスコアール刊：角川文庫／角川つばさ文庫刊。当時中学二年生だった直樹さんが自閉症について「どうして目を見て話さないのですか？」「手のひらをひらひらさせるのは、なぜですか？」など五〇以上の質問に答えた著作。巻末には短編小説「側にいるから」も掲載。

（※2）『The Reason I Jump』

二〇一三年、ランダムハウス（現在のペンギン・ランダムハウス）刊。『自閉症の僕が跳びはねる理由』をイギリスのベストセラー作家デイヴィッド・ミッチェルさんが翻訳。現在までに世界三四カ国で翻訳、出版された（二〇二一年現在）。自閉症の子どもを持つデイヴィッドさんが偶然、この本を見つけたことがはじまりだった。

（※3）『跳びはねる思考――会話のできない自閉症の僕が考えていること』

二〇一四年、イースト・プレス刊。人生とは、運命とは、幸せとは。「生きる」ことの本質を、鋭く、清冽な言葉で考えつくしたエッセイ。小学生のころから絵本やエッセイなど、多くの作品を執筆してきた直樹さんが、「ひとりの二二歳の人間」として書いたエッセイ三七本と、素顔が垣間見えるインタビュー四本を掲載。

くりしたフレーズがありました。「生きるというのは当たり前のことなのに、いろいろな理由が必要なのは進化というより、退化ではないでしょうか」と書かれていますね。

東田　生きるために理由が必要なのは人間だけです。ほかの生物は、みんな幸せになるためではなく、子孫を残すために生きています。おわり。

人は何をするにも説明を求めてしまいがちです。それは、人が本能だけでは生きられなくなったからでしょう。おわり。

——生きものは、本能で生きている？

東田　それは生に対して、一途だと、いうことです。

人間は進化しすぎて、理由を探しては、自ら命を絶とうとします。そんな生きものは、ほかには存在しません。おわり。

脳の進化によって、人類は高度な生物になったと考えられていますが、ぼくはその意見に疑問を抱いています。生きるというのは、生物として当たり前のことなのに、いろいろな理由が必要なのは、進化というより、退化ではないでしょうか。おわり。

——じゃあ、人間は生きものの中で唯一かわいそうな生きものなわけですね。

東田　かわいそうではなく、おろかなだけです。

ぼくもずっと自分の居場所を探していました。しかし大事なのは、どこにいるかということではなく、与えられた環境の中で自分らしく生きることだと気づきました。おわり。

――『自閉症の僕が跳びはねる理由』では、直樹さんは、自閉症のこと、ご自分のことを語っていました。『自閉症の僕が跳びはねる理由2』（二〇一六年、角川文庫）では、自閉症だけではなく、人すべての生き方について話しかけているように思います。どんな人にも苦悩はあるとの思いからですか。

東田　『自閉症の僕が跳びはねる理由』は、ぼくが中学生のときに書いたものです。そして『自閉症の僕が跳びはねる理由2』は、高校生のころに書きました。

ぼくが子どもから大人になる過程で、物事に対するとらえ方や感じ方が、変わってきたのだと思います。どんな人にも悩みはあります。悩みは、人と比較する問題ではないという気づきも、ぼくの書く文章に変化を与えているのかもしれません。おわり。

――生きていく上で、大切なことはなんでしょうか。

東田　自分を見失わないことだと思います。本当に大切にしたいものは、いつも一つだけのはずです。すべて、ちゃんとやろうとしても、そんなにうまくいくわけはありません。どのような結果になっても、人のせいにせず、自分らしく生きることです。おわり。

――自分らしく生きるというのはどんな生き方ですか？

東田　ぼくの場合は、すばらしい作品を書き続けていくことだと思っています。おわり。

――次の作品の予定はありますか。

東田　精神科の山登敬之先生(※4)と共同作品を現在『ビッグイシュー(※5)』で書いています。おわり。

――いま、直樹さんは跳びはねましたね。

東田　跳びはねることは、ぼくの感情の表れの一つです。

小さいころは、うれしいとき、悲しいとき、そして怒ったとき、みんなピョンピョン跳びはねていたと思います。ぼくにとっては、すごくうれしい気持ちも、胸が苦しくなるようなつらい思いも、感情の揺れとして表出することしかできません。おわり。

――水や光、夕日や朝日を見ると一体感を感じるというのは、程度の差はあっても、わたしにも同じ思いがあります。

東田　水に執着する自閉症者は多いです。水が、忘れていたぼくらの記憶を呼び覚ますからだと思います。おわり。

光に惹かれるのは、人間にも植物のような遺伝子が組み込まれているからではないかと、考えることもあります。

光を見ると、うれしいような恥ずかしいような気分になるのは、光を取り込みたいという願望のせいだと思います。

恥ずかしいという感情には、こっちを向いてほしいという気持ちが隠されているのではないでしょうか。おわり。

――直樹さんは、どんな夢を見ますか。夢の中でも、光や水と一つになったりしているのですか。

東田　夢は、日常生活の延長のような夢が多いです。

夢の中のぼくは、よく笑っています。自閉症のままのぼくだけではなく、普通になったぼくの夢も見ます。

昔は、普通の子どもになることに憧れていたので、起きたとき、なんだか悲しい気分でした。いまは、どんな夢を見ても、映画を見た後のように、おもしろかったという感想です。おわり。

――まったく想像つかないのは、過去の出来事から、いまのことまで、記憶が順番になっていないのですね。どういうことですか。

（※4）山登敬之（やまと ひろゆき）

精神科医、医学博士。筑波大学大学院博士課程医学研究科修了。国立小児病院精神科、かわいクリニックを経て、東京えびすさまクリニックを開設。クリニックを閉院後、明治大学文学部心理社会学科特任教授に着任（現職）。明治大学子どものこころクリニック院長。

（※5）『ビッグイシュー』

一九九一年にロンドンで生まれ、日本では二〇〇三年九月に創刊した雑誌。ホームレスの人へ仕事を提供し、自立を応援するために立ち上げられた雑誌で、販売をホームレスの人が担う。一冊四五〇円で販売。二三〇円が販売者の収入になる（二〇二一年現在）。

山登敬之さんとの連載は『社会の中で居場所をつくる――自閉症の僕が生きていく風景（対話編・往復書簡）』として書籍化された（その後『東田くん、どう思う？ 自閉症者と精神科医の往復書簡』〔二〇一九年、角川文庫〕として文庫化）。

東田　ぼくの記憶は、過去といいましかないのです。おわり。

ぼくにとっての記憶は、線ではなく点のようなものだからです。一〇年前の記憶も昨日の記憶も変わりません。

そのために過去の記憶は「過去」というカテゴリーの中だけに納められています。おわり。

――思いをなかなか伝えられないのは不便だけれど、自閉症者の方がよかった、と思うことはありますか？

東田　自閉症者が見ている世界は、普遍的で、美しいものだと感じています。

ぼくは、人が惹かれないものに惹かれたり、気づかないものに関心を示すこともあります。おわり。

――自閉症の人とぼくらは、そんなに違うのでしょうか。

東田　ぼくは自閉症に対する啓発も行っていますが、だからといって自閉症者が、普通の人間ではないと思っているわけではありません。

ただ、物事に対する見方や価値観において、普通の人と、少し違いがあるような気がします。

自閉症者は、みんなに誤解されているのではないでしょうか。誤解が解けるだけでも、いま以上に良好な人間関係が築けると思います。おわり。

ぼくたちを変わり者だと、決めつけないでください。ぼくたちも望まれてきた、この地球の一員なのです。おわり。

——自閉症の人を、日本では「障害者」と書きます。違和感はありませんか。

東田　ぼく自身は、特に違和感はないです。

普通の人には必要のない援助が、ぼくに必要なことは間違いありません。

障害者という呼び方にこだわる方のお気持ちも理解できますが、普通の人の中には、「障害者」という表現に、こだわる理由がよくわからない人も多いような気もします。

呼び方を変えたところで、ぼくたちの立場が良くなるとは思えません。

障害者の人権を守るというのは、そういうことなのでしょうか。表面的な問題以上に、もっと根本的な議論が必要です。おわり。

＊　＊　＊

〈インタビューを終えて、お礼状のつもり〉

東田さんへ

四時間近くの長いインタビューに応じてくださって、ありがとうございました。

最初、わたしは、やはり、とまどいました。お話を聞くためにテーブルに向かい合うなり、「四時に帰る」と言われました。カメラマンが目に入ると、「はい、チーズ！」と声をかけられました。ガラスのコップについた水滴がテーブルに落ちるたびに、布巾でテーブルを拭いてくださいました。そして、たびたび、席を離れて窓に顔をくっつけるように立たれる。跳びはねる姿も目の当たりにしました。

しかし、文字盤ポインティングを打ちながら話される東田さんは、まったくの別人でした。このギャップが、東田さんなんだ、と実感しました。

それは、また新しいとまどいを生みました。わたしの、とまどいはどんな表情になって、東田さんに映っているだろうか、と。東田さんの『自閉症の僕の七転び八起き』(※6)の「頑張る」の書き出しが思い浮かびます。

「僕は「みんな頑張っている」と言う言葉を聞くと、少し嫌な気持になります。なぜなら「みんな頑張っている」は、事実ではなく「みんなが頑張っているように見える」が、正しい表現だと思うからです」。

きっと、そうです。わたしたちは、「頑張る」ために、まず「頑張っている」のような表情をすることを学んだのでしょう。そして、「頑張る」をマスターして目標を達成することもあれば、「頑張る」見せ方だけを会得することもあれば、カタチだけの「頑張る」に疲れ果てることもある。

東田さんは、自閉症の人間として生きることを受け入れられました。「自閉症と僕を切り離して考えることはできません。なぜなら、僕が自閉症でなければ、きっと今の僕でなくなるからです」と言われています。わたしたちも、なかなか世の中に受け入れられず、自分もまた受け入れられずに悩んでいます。

最近の東田さんは、自閉症というよりも、同じ人としての苦しみを語っておられるように思います。わたしたちは、東田さんのように自分を受け入れるには、どうすればいいでしょうか。

お礼状のつもりが、また、質問を投げかけるようなことになりました。お許しください。

〈東田さんからの返信〉

里見さんへ

こちらこそ取材をしてくださり、ありがとうございました。

僕は、座り続けることが苦手なので、お答えするのに、時間がかかってしまい、ご迷惑をおかけしました。

里見さんの表情が、僕の目にどのように映っていたか気にされているようですが、僕の記憶

(※6)『自閉症の僕の七転び八起き』

二〇一五年、KADOKAWA／角川学芸出版刊：角川文庫刊。二〇一一年から現在までのブログを再編集・大幅改稿。「自閉症」という障害への思い、会話ができないからこそ見えてくる気づきを、等身大の言葉で綴った、エッセイ。

に残るようなことではありませんでした。

僕は、人の視線は苦手ですが、表情については、よほど嫌な顔をされない限り、不快に思うことはないです。なぜなら、僕自身が自分の意志や感情を表情で表せないので、表情というものが、その人の内面の全てだとは、考えていないせいでしょう。

言葉遣いや接し方、その場の雰囲気などからも、その人の個性は、僕に伝わってきます。

僕は、自閉症という障害を受け入れたのではなく、僕のいいところ、悪いところを含め、自分の人生を生きさる決心がついたのだと思います。

人は、自分を受け入れなければならないと思い込み過ぎているのではないでしょうか。

それは、自分から逃げることなど、絶対にできないからです。

でも、僕は「肉体」と「魂」が同じものではないことを知っています。僕にとって魂は、どんな時も、僕を見捨てない有難い存在です。

僕という人間は、肉体と魂の間を行ったり来たりしながら、いつも、あたふたしています。どこかに逃げ場がないのか、遠くの空を見ながら、ため息をついています。

いつの日か肉体と魂が別れを告げる時、自分に「ありがとう」を言えるよう、僕は、いま、頑張っておきたいのです。

電気コンセントを外して、
ああ、さっぱりした。

稲垣えみ子

稲垣えみ子（いながき えみこ）
1965年、愛知県生まれ。一橋大学社会学部卒業。朝日新聞社入社。大阪本社社会部、『週刊朝日』編集部などを経て論説委員、編集委員を務める。アフロヘアの写真入り連載コラムや『報道ステーション』出演で注目を集める。2016年1月退社。『報道ステーション』で清貧生活が紹介され、一躍時の人となる。註で触れた以外の著書に、『震災の朝から始まった』（朝日新聞社）、『もうレシピ本はいらない』（マガジンハウス）、『アフロ記者』（朝日文庫）などがある。

東日本大震災をきっかけに、「ひとり脱原発」に乗り出した稲垣さん。
洗濯機もクーラーも冷蔵庫も捨てて「電気代二〇〇円以下」の暮らし。
ガスも止めて、朝日新聞記者の職も辞す。
便利さもお金も肩書も失って、
「生きていくために必要なものはほんのちょっとしかない」ことに気づいた。
いままで必死に追いかけていた欲から自由になれば、
どんな世界が見えてくるのだろう。

楽しい「ひとり脱原発」

——電気に頼らない暮らしをいまも続けておられる。「脱原発」を叫ぶ人はいるけれど、自分からはじめられるところがすごい。

稲垣　いやいやそんな大したことじゃありません。みんなを変えるような気力も体力も知力もなかっただけで。自分のできることをするしか。

——わたしも、『コトノネ』を発行しましたのは、東日本大震災がきっかけです。原発事故で世の中が変わる。そのとき、自分も世の中の「当事者」になりたい、と思ったんです。いままで、家庭でも、子育てでも、社会でも、当事者ではなかったな、と振り返って。

稲垣　「当事者になってない」という総括がすごい！　なかなかそんなふうには思えません。

電気コンセントを外して、ああ、さっぱりした。

――ありがとうございます。けれど、それまで、障害者になんの関心もなかったオッサンが、『コトノネ』で、みんなの意識を変えるなんて、本当におこがましい話で。稲垣さんの自分を変える発想を知ったとき、衝撃でした。それに、『寂しい生活』[※1]を読むと、楽しんでおられるではないですか。

稲垣　いやいや、やってみれば案外誰だってできるんじゃないかと。わたしには年子の姉がいまして、いまのわたしとは正反対でものを捨てるのが苦手。だからわたしの本を読むと息苦しくなるって言うんです。その姉が二〇一七年（本インタビュー収録時）の夏、なんとエアコンを使わないことにしたと。八月に入っても一回も動かしていない。でもやってみたら悪くないって言うんですね。むしろ快適なこともあると。たとえばエアコンをつけていると、部屋を密閉しているので帰ってきたときに家の中のムアーとした熱気がすごい。でもやめてみたらそういう不快さがなくなったと。夏っていっても、暑くて耐え難い日ばかりじゃない。気温がちょっとましになったり、微妙に変わる。ああ、今日は風があって少し涼しいみたい、と敏感になる。そんなちょっとした気づきがおもしろいって言うんですよ。

――なるほど、のっぺらぼうの暑さでなくなる。

稲垣　それに、出かけることが苦ではなくなった、と。家の中が涼しいと、一歩も出たくない。クーラーを止めれば、家も外もいっしょ。家族もいつしかブーブー言わなくなったらしくて。七月も終わったんで、ここまできたらつけたら負けみたいな感じがあって、もうつけられないって言っていました。

上を目指す生き方は、もういいか

――でも、都内は暑いでしょ。

稲垣　家のつくりにもよるんじゃないでしょうか。わたしのいまの家はけっこう風が通るんです。一九六四年の東京オリンピックの直後に建った古いマンションなんで、当時はエアコンなんかがなかった分、風の流れを計算して建てたんだろうなと。でもいまのほとんどの住宅は、暑さ寒さは空調機をつければいいという発想になりがちですよね、そうなると、この土地に建てるなら窓はこっち向きにとか、そういう長年培った建築の知恵が失われてしまうんじゃないかと思ったり。

――自然は電気でコントロールすればいい。

稲垣　そう思うと、便利ってなんだろうなと。便利な装置に頼ると知恵はいりません。全部エネルギーで解決すればいい。だから狭い敷地で日が当たらなくても風が通らなくてもどん

（※1）『寂しい生活』
二〇一七年、東洋経済新報社刊。東京で、電気代一五〇円の暮らしは発見に満ちていた。我慢ではなく、知恵の創造。人生の折り返し点を過ぎ、生活の喜びに開眼。稲垣さんの快進撃。

どん建てることができて、経済が回ると。でもエネルギーは永遠に得られるわけじゃありません。本当にそれでいいのか。わたしは家賃の安い家を探したおかげで、結局それは古い家になって、設備がない時代なので、建物自体が自然の風でしのげるようにつくられていた。そうなると光熱費もいらない。高い給料をもらって、会社員を続けていたらこういう家には出会えなかったと思います。

――『朝日新聞』編集委員という立場も、安定した年収も捨てたおかげで、さまざまなことを発見する暮らしになった。ずっと退職を考えておられたのですか。

稲垣　五〇歳で辞めようというのは、一〇年ぐらい前から考えていました。『魂の退社』(※2)に書いたんですけど、なんとなく人生八〇年っていうイメージがあって、四〇歳になる直前、そろそろ人生の折り返し地点じゃないかとハッとしたんですね。それまでずっと右肩上がりの人生しかイメージしていなかったんです。地位も上がり、給料も上がり、どんどん上へ上へと。ところがふと考えたら、そんなことはいつまでも続くわけがない。いまが人生のピークで、あとは定年になって、収入も減り、体力も健康も衰えて死んでいく。後半の四〇年、価値観を変えないと、我慢ばかりの惨めな人生になってしまうと思ったんです。で、お金をかけずにできる楽しみ方を探りはじめたら、意外と見つかるんですよね。

――その流れの中で、震災にあった。

稲垣　原発のない暮らしってどんなものか、原発に反対するなら自分で体験してみないとは電気コンセントを外して、ああ、さっぱりした。

じまらないと思ったんです。で、原発分を差し引いた電気で暮らそうと思い立った。元々そんなに電気を使う暮らしをしていなかったのでこれが実に大変で、結局は「なければ暮らしていけない」と思っていた家電製品を一つ一つ手放していくことになり、まさに決死の覚悟だったんですけど、これがやってみたら意外になんとかなる。工夫する楽しさもある。そんなに不便でもない。逆にない方がいいこともある。電子レンジをやめて、蒸し器で温め直したご飯が実に美味しくてびっくりしたり。

何かを手に入れ、何かを失う

――なくしたら、たいして不便でもなく、みじめでもなく、楽しさを発見した。

稲垣　いままで、何かを手に入れて豊かになったと思ってきたんですけど、実は何かを手に入れることは、何かを失っていたことだったのかもしれないと。一つ一つなくしながら、なくすことが惨めだったり、敗北だったりってことじゃないな、と気づいていったんですね。

（※2）『魂の退社』
二〇一六年、東洋経済新報社刊。日本の高度成長は、生活の自立を妨げ、モノへの依存を生んでしまった。失業保険は会社への就職を希望する人間だけが受けられる。すなわち、日本とは会社社会であることに気づく。会社を辞めて、はじめて知る日本のしくみ。それでも、希望にあふれた稲垣さんのメッセージ。

それはもうまったく予期していなくて、最初は節電＝我慢＝忍耐だと思っていたんですけど、実際やめていくと、その方が意外とおもしろい。電子レンジをなくしたら、冷凍ご飯をどうやって解凍するのか。知恵を出さなくてはいけない。そのとき、本当に考えるっていうことをしていなかったということに気づいたんですよ。失敗し、工夫する頭を使う、気持ちを使うってことは「面倒くさい」としか思っていなかったんですが、実はそれって楽しいことだったんだと。

——冷蔵庫を捨てるときは、かなりの勇気だったようですね。

稲垣　冷蔵庫がないとどうやって食べていったらいいのかわからないっていうのが普通の現代人の感覚だと思うんです。だからこれこそ本当に決死の覚悟だったんですけど、それでもやっていけるとわかったとき、ものすごく自由を感じました。あれば便利って、いつの間にかないと不便ってことになって、さらに「ないと生きていけない」ということになる。それって改めて考えるとある種の恐怖です。便利と思っていたものが、実は自分を縛っている手錠だったんじゃないかと。で、それをなくしたら自分の中に眠っていた資源が開発されるような感じで。

——真っ暗な家に帰ってきても、いきなり電灯をつけない。目が慣れるのを待つ。

稲垣　そうなんです（笑）。月明かりも、街灯も、かなり明るいことに気づく。

——わたしたちは、本当に便利さを欲していたのでしょうか。それとも、便利さは成功の証しだったのか。『寂しい生活』でも、「欲ってどうやら。不安を慰めるためのお菓子みたい」と書かれていましたが、「欲」は、本当に自分の欲だったのか。

稲垣　そうですね。これまで当たり前だと思ってきたものを手放してみると、いかに自分が無意識に踊らされてきたかがすごく見えてきた気がします。これを買えば豊かになると言われ、そうかと思って必死に手に入れてきたけれど、豊かになるのはメーカーです。何が豊かかは自分で決めていいのに、その判断すら放棄してきた。

日本一広い家。「町がわが家」

――さらに、大きな発見をされていますよね。「町がわが家」になった。

稲垣　小さく何もない家に住むと、外に頼って暮らさざるを得ない。お風呂は銭湯に行くし、仕事もカフェでさせてもらう。家は小さいんですけど、史上最大の大きな家に暮らしている感じです。そうなると、これまでずっといろいろなものを買い込み溜め込んで、隣の家よりもわたしの方がいいモノを持っていることが重大事だったのが一八〇度変わってしまいました。つまりは自分が人よりも豊かでありたいとばかり思ってきたのが、いやそうじゃなくて、近所のお店や人が生き生きと元気にしてくれてないと困ると。だってそのすべてがわたしの家なんですから。

　周りがよくなれば自分もよくなる。これまで半世紀も生きてきてはじめてそんなふうに思えるようになったんです。ゴールのない戦いから抜け出したような。こんな爽やかな世界があるとは考えたこともなかった。

――失くして見えてくる世界は広い。

稲垣　本当に「町全体がわが家」っていう妄想がひどくなっていて（笑）、たとえば家の周りを植木でいっぱいにしているお宅があったりすると、ああ、わが家を花で飾ってくれてありがとうと思ったり（笑）。

で、そうなるとなんかそういう変なオーラみたいなものを発しているらしくて、この前、夜銭湯に行こうと家を出たら、知らないおじさんに「ちょっとちょっと」と呼び止められて、「そこの家で月下美人が咲いたから見に行こう」と。で、二人で「あー咲いてる咲いてる」って言いながら、いっしょに見て。本当これは一体なんだろうと（笑）。

――町がわが家なら、ご近所は家族。

稲垣　あと、この歳になってはじめて、わたし、近所の人に「おすそ分け」っていうのをするようになったんです。というのもわが家には冷蔵庫がないし、ひとり暮らしだから、食べ物をいただいても食べきれないんですね。で、お風呂屋さんやお米屋さんや豆腐屋さんやカフェに持っていく。喜ばれるし、わたしも助かる。そうなるとこちらもお返しをもらったりして、どんどん関係が近くなるんですね。この前も銭湯でビールに誘われて、居間に上がってテレビ見ながら飲んでました（笑）。これはまるで『男はつらいよ』の寅さんじゃないか

電気コンセントを外して、ああ、さっぱりした。

と。確かにあの世界もそうですよね。町全体が家族っていうか。あの感覚なんですよ。

——アフロヘアの魔力もあるんでしょうね。見出しを目黒の寅さんにしようかな。

稲垣 自分ひとりで全部を完結させることはなかったんだとつくづく思います。持っていないと人に頼る。で、自分もお返しをしようとする。それでよかったんだと。お金じゃない関係が生まれる。これってすごいパワーですよね。

商店での買い物も投資です

——地元のお店で買うことも、消費じゃなくて、投資になる。

稲垣 買うことでお店を支えていく。そう思うとお金を遣うことが惜しくない。減っていくっていう感覚じゃないので。

——お金も循環すると、急にきれいに見えてきます。

稲垣 自分の大きな家をメンテナンスしている感じがあります。金額の多寡じゃないんですね。自分の望む方向にきちんと流していく。そうするといろいろな形で自分に返ってくるはずだと。

——うちの近所にも、「あらい」という八百屋さんがあって、わが家は応援気分で買い物する。ここはなくしたらあかん。

商売が福祉なんですね。二〇〇〇円以上買ったら配達してくれる。高齢者の多い町だから大変助かるサービスです。駅前のスーパーも同じ配達サービスがある。でも、あらいさんは二〇〇〇円以上にならないときも、あらいさんで買ったものでないときも、重たいもの持っていると配達してくれる。「午後から近所へ行きますから、午後で良かったら持っていきますよ。ついでですから」って。それを聞いたお客さんが、ルール違反やと怒るわけでもないんです。これがスーパーだったら揉めますよね、商売道義はあるのか、不公平だ、と言って。商店って福祉なんだ、あらいさんで買い物すると思います。

稲垣　世の中って実は、そういう損得や利益を超えた親切で成り立っているのかもしれないですね。いや、よく考えるとお店も別に損をしているわけじゃない。長い目で見ればお客さんにもその親切が伝わって、持ちつ持たれつでみんなが良くなる。世の中が世知辛くなると、そういう余裕が消えていくことが問題なんじゃないかと。お店も客も値段だけしか見なくなって、それって結局、お互いに短期的な「お得」しか見なくなって結局はみんなが消耗して誰も得しない。その八百屋さんなら、お金を遣うことはいいことしたっていう気分になるじゃないですか。そしたら、一円でも安く買おうなんて思わない。むしろお釣りはとっておいてぐらいの勢いですよね。

——それは、ぼくは言いませんけど（笑）。でも、福島産のものを買うときはそこでしか買いません。店主は絶対正直に言ってくれるから。

稲垣　そうです、人ですよね。その人を信頼できるかどうかですよね。

自分だけではシアワセになれない

――「町がわが家」とともに、『寂しい生活』の中で書かれていた「自分を幸せにはできないけれど、他人を幸せにすることはできる」にも、びっくりしました。あの発想は、どこから出てきたんですか。

稲垣　多分期待を裏切るような答えなんですけど（笑）。新聞社を辞めて、肩書をなくして、自分が何者かがわからなくなりますよね。そんなときに、原稿のやり取りなんかで、事務的というか高圧的な感じのメールを受けることがあって、最初、それに少し傷ついたり腹を立てたりしていたんですが、その気持ちを伝えても何もいいことはない。どうしようかなと思ったときに、その人に対して最大限の敬意を払ってやり取りをするしかないって気づいたんです。メールが来たら速攻で返す。で、「お世話になっております」「的確なアドバイスをありがとうございます」と、ちゃんと相手を認めるコメントを入れる。そしたらだんだん相手の態度が変わってきて、向こうも段々敬意を払ってくれるようになったんです。

　つまり、幸せになるって結局人に認めてもらうっていうことだと思うんですけど、相手が自分を認めるかどうかは自分にはコントロールできない。でも相手を認めることならいくらでもできる。そう思うと実に精神衛生上いいんですよ。それからは、メールが来たときにできるだけ相手が喜ぶように返事を書くように心がけるようになりました。その人が置かれてる状況の中でここを認めてほしいんだろうな、というのを想像して、短くても書き添える。全力でその人にとっていい返事をする。

――わたしも、そんなメールをいただきました。うれしかったです。

稲垣　あ、それは作戦成功です（笑）。自分のことを尊重してほしいとばかり思っていると、現実はそうはいかないので落ち込むことが多い。でも相手を少しシアワセな気分にすることはできる。それが自分のシアワセだと思えるようになったら最強です。スーパーマンだってことに気がついたんです。

――そうですね。稲垣さんの発想は、つねに自分を変える、ですね。そこがマネできたらなあ。

稲垣　でも、それってそんなに難しくない。だってタダですもん（笑）。

――そうか。大阪人だから、タダならやらなくては（笑）。

星子よ、頼ってばかりで、
ありがとう

最首 悟

最首 悟（さいしゅ さとる）

1936年生まれ。1960年代の学生運動活動家、社会運動家。東京大学助手、和光大学教授を経て、和光大学名誉教授。専門は、いのち論。水俣病の現地調査団の団長を務めた。1997年横浜市精神障害者作業施設「むくどりの家」再建、障害者作業所「カプカプ」の設立・運営に係る。著書に『生あるものは皆この海に染まり』（新曜社）、『明日もまた今日のごとく』（どうぶつ社）、『星子が居る』（世織書房）、『「痞《ひ》」という病いからの』（どうぶつ社）、『新・明日もまた今日のごとく』（くんぷる）など。

最首悟さんの三女・星子さんは、重度障害者。その星子さんに、最首さん夫婦は「頼って生きている」と言う。
けれど、津久井やまゆり園事件の植松聖被告（当時、以下同）は、星子さんのような重度障害者を社会に不要な人として惨殺した。
その植松被告と手紙をやり取りする最首さんからは、どんな風景が見えているのか。

「ゴミ」と見なされた重度障害者

――わたしは団塊の世代で、安保闘争の世代です。そのころのヒーローに会いにきました（笑）。

最首　学生運動のときは、東大の理科一類の学生で、すでに二四歳でした。幼いときから喘息の持病があって、小学校も九年かけて卒業して。

――東大といえば、樺美智子（※1）さんが警官隊と衝突して亡くなりましたね。あのときは、どこに？

最首　わたしは、全学連反主流派、実体はノンポリ。そのときは東大の教養学部のクラスで行動していました。樺さんは文学部で、われわれから五メートル横ぐらいにいました。

（※1）　樺美智子（かんば　みちこ）
一九六〇年六月一五日のデモで全学連主流派が衆議院南通用門から国会に突入し、警官隊との衝突で死亡。二二歳没。死因は警察側は転倒による圧死、学生側は機動隊の暴行によると主張。

ショックだった。

――東大を卒業されて、東大の助手生活を二七年。星子さんを授かったのは、助手をされているときですか。

最首　星子は四人目の末っ子。授かったのは四三年前、わたしが四〇歳のときでした。やっぱり生活も考え方も変わりましたね。

うちの奥さんは瀬戸内の島出身で、島へフェリーで渡る途中に流産しかけて、なんかあるんじゃないかと思っていたら、ダウン症でした。八歳ごろに片方の目が網膜剥離、片方が白内障で手術、一カ月後に硝子体が白濁、見えなくなって、同時に急に言葉も話せなくなりました。

――やまゆり園の殺害事件は衝撃だったでしょうね。いま、犯人の植松聖被告と手紙でやり取りされていますが。

最首　植松青年――わたしは被告ではなく青年と呼んでいるのですが――彼から手紙をもらってはじまりました。二〇一八年七月から、『神奈川新聞』のウェブサイト「カナロコ」で「序列をこえた社会に向けて――やまゆり園事件」として毎月公表しています。

――植松青年は、声をかけて反応がない人を殺傷した、と言われています。やまゆり園にいれば、星子さんも対象になったのではないか……。

最首　手紙を出し続けるうちに少しでも話が通じることがあればと思います。殺害した障害者の両親や家族には申し訳ないことをしたと詫びる。普通の人の心はある。けれど、殺害した障害者に対して罪の意識はない。彼の解釈では、重度障害者は人ではなくて「ゴミ」だということです。ゴミは捨てる、何が悪い。当たり前でしょうって本気で思っている。だから罪の意識がない。

ゴミとは言わないけれど、生命倫理的に同じような価値観を持つ人もいる。それは、脳死臓器移植で、まだ生きている人を死者と見なす考え方に通じる。

無脳症の子は資源として産む

――日本では、脳死を死と認めない考えもあります。

最首　先進国では、脳死を人の死としている。けれど、わたしたち日本人は脳死を死とはまだ受け入れない。それは心と身体は一つのものという、心身一元論の考えと関係があります。心身一元論では、人間がゴミになることはありません。それで、植松青年は、少なくとも心身二元論の西欧の考えを取り入れた人たちの部類ということになります。

――西洋では、それは自然な発想になる？

最首　そうです。出生前診断が本質的な問題です。優生思想というよりは、もっと深く人の問題なんです。優生思想とは、よりよい人になろうとかよりよい人を産もうという意味ですが、出生前診断は人か人じゃないかっていう判断でやっているんですよ。

――失礼な質問ですが、トリソミー21なら、［※2］「ゴミ」と認定していいということですか。

最首 トリソミー21はダウン症ですが、ダウン症は「ゴミ」ではない。10番台のトリソミーの場合はほとんど流産になります。産まれてきても四週間ぐらいで命を終える。長くは生きられません。「ゴミ」の範疇に入れられてしまいます。

無脳症は大脳がない。ぺちゃんこの頭で産まれてきます。手を尽くせば、二週間ほど生きる。無脳症はだいたい妊娠中にわかって処置をするんですけど、逆に産ませて臓器移植の対象物体として使おうっていう動きが生命倫理で出てきたんです。子どもの骨、腱、全身を臓器移植のために活用します。［※3］

――ゴミじゃないけれど、モノですね。その思想はいまも生きているんですか。

最首 思想は生きていると思います。西洋は、心身二元論。人でなければ物体なんです。死ねばモノになるから脳死臓器移植を可能にしました。では、植物生存状態は、どうなるのか。この場合は、脳波が完全には止まっていません。しかし、人とコミュニケーションができない。それなら安楽死を認めろ、という動きが六〇年代に起こりました。一九八三年にアメリカで起きたナンシー・クルーザン事件っていうのが有名です。ナンシーは二五歳でしたか、交通事故で植物状態。両親は安楽死を求めました。でも、医師団は反対。NHKは取材に飛び、番組になりました。その中で、わたしには忘れられないシーンがあります。取材班がナンシーの病室を訪ねる。ナンシーは静かに個室で寝かされているだけ。病院だって人扱いしていない。親も、もう人ではないって言って、尊厳死を要求し、栄養を絶つように裁判所に訴える。裁判所は第一審では医師の意見を受け入れ、親の願いを棄却。それでも親はあきらめない。人じゃないのに生かされているのは、人としての尊厳を踏みにじる行為だと訴える。

ついに高校の同級生が、ナンシーはこういう状態になったら殺してくれって言ってたって証言がとれた。それで第二審はひっくり返って、医者に栄養補給停止命令が出た。水補給だけは続けましたが、二週間でナンシーは亡くなりました（一九九〇年一二月）。

子を奪われたノーベル賞作家

——何をもって人の死とするのか。誰が決めるのか。人は死ねばモノになるのか。三つの大きな問題をはらんでいますね。

最首　原則、死は本人の選択によります。ただ生命倫理ではコミュニケーション手段がない

（※2）　トリソミー
トリソミー症候群という。二三対四六本ある染色体のどれか一本が多く、四七本になった染色体異常のこと。

（※3）　無脳児による臓器移植
名古屋大学医学部付属病院で、在胎三六週、体重二六〇〇グラムの無脳児を出生。家族から承諾を得たうえで、腎臓を取り出し八歳の女児に移植。

場合は人とは認めないということになりました。自己意識がない、それが死の基準です。

わたしは、人とのコミュニケーション手段がゼロになっても自己意識はあるという立場です。生命倫理とは相いれません。

――では、植松青年の「呼びかけて反応のない人」を「ゴミ」として殺りくするというのは、生命倫理的には根拠のない考えではない。日本の法律でいえば犯罪ですが。

最首　わたしの教え子で障害者福祉に携わるものに言わせると、植松青年の犯行の原因は、「優生思想でも、なんでもない。単純な嫉妬ですよ」ってことです。社会的に何もできないものが、優遇されてノウノウと生きているのに対するやっかみだって。それに引き換え、おれは生活保護一つ取るのだって大変なのに、という。

――植松青年は、社会のために殺人を犯したという。どうして人のために自分が死刑になることをやるのか。

最首　植松青年には、今月（二〇一九年八月）も手紙を書きました。いままでで一四通目ですが、植松青年のことは、正直まだ何もわかりません。記者が伝えてくれるところでは、植松青年は手紙を読んでいるということですが、返事は一回あっただけです。その手紙は、ごちゃごちゃ言わないで大麻を飲めっていう主旨でした。大麻飲んでりゃ楽しい、飲み方から入手法まで教えるよ、みたいな内容でした。

二〇二〇年一月八日初公判です。被告が正気だって言い張っていて、本当に正気らしいので、弁護団も弁護のしようがないとのことです。

――悩ましいですね。生命倫理という思想では、命を選別できる。国の仕組みの中にも、死は組み込まれている。母体保護法も出生前診断も認めている、死刑も、そして戦争も。個人が国の許しなくみだりにはできないが、「人を選別し、場合によっては殺すことは否定していない」。植松青年を簡単に完全に否定するのに、どうすればいいのか。

最首　生産、消費、廃棄と回らなければ社会は行き詰まる。人もまたゴミと見なし、ゴミは廃棄しないと、生産ができない。世の中が回らないという考えもあって、人によっては、植松青年はその先駆けをしていることになる。その先に、与死の考え方が出てきました。死を与える。安楽死、尊厳死は、本人の意思。与死は本人の意思は関係ない。医者は国が定めた基準に従って患者を殺さなくてはならないっていう法律をつくりましょうっていう動きです、まだ表面には出ませんが。

――生の選別があって、死の選別もある。二つの命の選別があるっていうことですね。

最首　完全な管理社会になります。一度、人工透析を選択すれば、患者の意思が変わろうが、医師の判断で治療が続く。患者は死を選ぶことはできない。けれど医師の判断で人工透析を止めることができる時代が来る。それが、与死の考えです。

資本主義の下では、働けなくなったものは人ではない。それは、神の愛において、福祉として面倒を見ましょう。ただし、社会外存在としてですよ、というのが西洋的考え方。社会内存在としては認めない。能力のある障害者は別です。米国の障害者法は、能力のある障害者の雇用の義務付けです。能力のある障害者を雇用しないのは国家的経済の損失だとしています。

その社会観を示したのは、パール・バック(※4)の本『母よ嘆くなかれ』です。原題は『The Child Who Never Grew』。つまり、「決して成長しなかった子」。パール・バックは、中国で女の子を授かる。そのかわいい子には知的障害のあることが三歳のときにわかる。それがもとで牧師の夫と離婚する。アメリカに帰ってみると、障害のある子は社会で暮らせない。中国でも日本でも元気に走りまわり遊びまわっているのに。

パール・バックは郊外の福祉施設に娘を預け、神に仕える人たちの愛情に委ねる。心の傷を癒すために、米兵が戦地でつくった混血の子を養子にして、コロニーをつくる。それにノーベル文学賞の賞金をほとんど注ぎ込んだとのことです。

星子込みの二者性のわたし

――本でも書かれ、講演でも話されていますが、星子さんの一〇日ごとのウンチの匂いを嗅げるのは、シアワセですね。この話を聞くとしみじみ思います。

最首　星子は咀嚼ができない。食べ物は丸のみです。だから、消化が悪いんでしょうね、強固な便秘です。ほぼ一〇日ごと。前日に漢方の下剤を飲ませて、やっと排便です。一〇日間ためたウンコはすさまじい。母親は臭い臭いってどなってるんですからね。臭いのが、いい匂いに変わりますなんて、ことじゃない。

――でも、間違いなく臭いけれど、家中にシアワセの空気があふれるとも、おっしゃっています。

最首　臭いことは臭いんです。でも何となくうきうきした気分が流れる。臭くないようにする努力をしない。臭いのが当たり前なのです。自分のを臭いと思ってもそれ以上は何かしない。母親もわたしも、星子のも自分とあまり区別できないのかもしれない。

わたしは、命は二人からはじまると思っています。キリスト教や西洋の考えでは、まぎれもなく一人からはじまりますが。わたしは、一人なんですが、わたしという一人は、星子込みの一人なんです。それは、親子であるからではない。星子の一日とわたしの一日は切れずに重なっている。それを二者性と名付けました。

一者性で自分を考えるとき、次々と違う自分が出てくる。無限後退となって、もうキリがなくなる。二者性になって自分がそもそもすっきりしないことがすっきり見えてくる。

――ウンチのシアワセは、グラビアページ（『コトノネ』三二号にて写真掲載）でも挑戦すること

（※4）　パール・バック
　一八九二年生―一九七三年没。アメリカの女性小説家。宣教師の両親と中国（当時の中華民国）に渡り、そこで育つ。一九三一年に代表作『大地』を発表。一九三八年にノーベル文学賞を受賞。

にしました。

最首　水俣病になってよかったって、杉本栄子(※5)さんから聞いたときは本当にびっくりしてね。だって、彼女は生きるしんどさの極みでしょ。五人の子どもを産んだ。子だくさんっていうのは、自分も少し楽になるんですよね。みんな胎盤を通して水銀を子どもに分けちゃうから。おっぱいを出すとおっぱいからも、どんどん水銀が出るからね。子どもも犠牲者になるんです。本当に生命原理に反しますよね。自分が楽になっちゃうんだから。でも、その未来がない中で水俣病になってよかったって言えるのは、よほどのことです。幸せ感をどこで見つけたのか。

八回も流産した女性もいたけれど、その人は結構元気で。水銀を子どもに排出したんだね。

——けれど、植松青年は施設で生きる障害者にも、その世話をする職員にも、その親にも、シアワセを見つけることができなかった。さらに不幸なことに自分自身の中にも。

最首　辺見庸の『月』っていう小説を、植松青年が読んで、疲弊した職員、施設の汚らしさ、絶望的な世界をよく書けてるって言った、と伝え聞きました。事実のところがあるかもしれませんが、横浜の光が丘団地にある「カプカプ」なんて、それとは別の面でおもしろい。星子も通って寝そべっているのも労働のうちなんです。ザツゼンに生きるがモットーです。わたしも関わっているんですが、福祉の仕事は、物の生産と違って関係を紡ぐ労働だから、一人じゃなく、もう一人と二者性っていう関係性に目覚めたとき、思いもかけないシアワセとか希望とかが生まれてくるよって言うんですけどね。

星子自身もウンコが出たら、すごくホッとして、スヤスヤ寝るんです。母と父と娘も含めて一日中なんとなくうきうきしているなんておかしいよな、って夫婦で言うんだけどさ。

――ウンチを終えて、お茶飲みながら、思わずニッコリ。最首さんも奥さんと目が合ってほころぶ。

最首　そう。それがなんとも言えない。

――小津安二郎が生きていれば撮ってほしかった。のどかな空気を写し取ってくれたでしょう。

最首　（笑）。でしょうね。星子を風呂に入れるときは、星子がよくしゃべるんですよ。何をしゃべってるのかって聞かれれば困るんですが。われわれ夫婦は、きっと星子に頼っているのだと思います。

（※5）　杉本栄子（すぎもと　えいこ）

水俣病を代表する語り部。二〇〇八年二月二八日死去（享年六九歳）。水俣市茂道の網元の一人娘として生まれ、最年少の網元になる。父も母も水俣病で亡くし、本人も夫も水俣病患者としての人生を送る。胎児性患者・障害者の共同作業所「ほっとはうす」を運営する「さかえの杜」理事長として活動。水俣病で苦しみながらも、「水俣病はのさり」と言った。のさりとは、水俣弁で賜物、贈り物のこと。軽妙な話に込めた深い人生観は、多くの人を魅了した。

――お二人が、弱い星子さんに頼っている。どちらが頼っているのか、どちらも頼っている。それが、たぶん二者性の世界です。

最首　頼り、頼られる。どちらが頼っているのか、どちらも頼っている。それが、たぶん二者性の世界です。

人に頼るっていうのは、とても大事なことです。実は日本でいちばん失われたことだ、とわたしは思っている。頼られる、甘えられた方はものすごく満足感を持つんですよ。この野郎、誰にも頼ってないんじゃないかと思うと、ものすごくいじめたくなる。いじめられっ子というのは、生まれたときから頼ることを禁止されている子じゃないかな。自立せよって言われ続けられて、頼り方を知らない。わたしの偏見では教師の子どもが目立つ。植松青年も教師の子です。

でもね、星子は頼ってくれない。頼ってたまるかっていう空気を感じさせる。あんたたち勝手に世話してるんでしょ。それがあんたたちの生きがいなんでしょっていうのを、ひしひしと感じるんです。

――さびしくないですか。

最首　植木鉢の花のようです。水をやらないでしおれたって、それはそれでなんのこともない。それは当たり前のことだって思っている。なぜ、水くれなかったなんて、うらまない。

だから、われわれ夫婦が星子に頼る。無力なものに頼るっていうことは、頼ることのいちばん大事なことです。

――確かに、星子さんがいるから、お二人はただ今日を生きることを考える。一〇日に一度のウンチを思う。自殺を考えるなんて、そんな未来の入り込む余地がない。

最首　それが、わたしの言う二者性です。わたしたちは、ずっと、人に頼るな、甘えるな、と言われてきた。わたしなどは、大学闘争のころから、ずっと自立しろと拷問みたいに言われてきた。星子が生まれて、すっかり変わりました。自立をあきらめた。星子にも頼るようになってしまって。

――植松青年は誰にも頼れなかったのか。自分にも頼れなかったのか。

最首　植松青年は、二〇二〇年一月に公判開始。すぐに判決が出るとのことです（二〇二〇年三月、横浜地方裁判所で死刑判決を言い渡される。自ら控訴を取り下げ、死刑が確定）。判決が出て終わりではない。勝負は判決後の何十年ですよね。二〇年とか。わたしは死刑だけは阻止したいと思ってましてね。死なれたら手がかりなくなっちゃう。

――また、水俣病とつながりました。悲劇を早く忘れよう、被害者のために「ないことにしよう」との大合唱が起こる。最首さん、しぶとく手紙を送り続けてください。

2
ケアが生まれる

病む「つらさ」
病まない「むなしさ」

向谷地生良

向谷地生良（むかいやち いくよし）
1955年、青森県十和田市生まれ。ソーシャルワーカー、社会福祉法人浦河べてるの家理事長、北海道医療大学名誉教授。1984年、べてるの家の設立に関わる。1992年から、べてるの家にSST（ソーシャルスキルトレーニング）を取り入れ、「当事者研究」などの新しい分野も開拓する。著書に、『技法以前』（医学書院）、浦河べてるの家として、『べてるの家の「非」援助論』、『べてるの家の「当事者研究」』（以上、医学書院）等多数。

精神的な障害のある人が、同じ悩みを持つ人と語り合う。経験を分かち合い、知恵を出し合う。べてるの家の[※1]「当事者研究」は、浦河赤十字病院の精神科医が出す薬だけに頼らない治療方針と、ソーシャルワーカーの向谷地生良さんの生き方、さらには浦河ならではの当事者文化から生まれた。

青年期の心に刻んだ「降りていく生き方」。

いま、耳を傾けるべきは、障害者よりも、健常者と呼ばれるわれわれの方ではないか。

薬だけに頼らない精神科医療

――精神的な障害のある人が、薬だけに頼らず、自分で病気との付き合い方を見つけていく。この方法は、日本では一般的だったのですか。

向谷地　たとえば代表的な疾患である統合失調症の原因も含めて、「こころの病とは何か」

（※1）　浦河べてるの家
一九八四年に設立。北海道浦河町にある精神障害等を抱えた当事者の地域活動拠点。「社会福祉法人浦河べてるの家」、「有限会社福祉ショップべてる」などの活動があり、総体として「べてる」と呼ばれている。働く、暮らす、ケアをする、三つの生活共同体の機能を果たす。一〇〇名以上の当事者が地域で暮らしている。向谷地さんは、その中心的な存在。

という議論は、哲学のテーマでもあり病気なのかも含めて、一〇〇年以上にわたってずっとされてきたんですが、一九五〇年代に薬が開発されて、病気として治療することになりました。一九八〇年代以降は脳科学の発展によって「「脳」病」として薬に依存する傾向が、とくに日本では顕著でした。

一方では、一九七〇年代から世界の潮流は薬だけではなく社会資源の充実や当事者の力を重視する方向へと転換し、日本も遅まきながら変わりつつあります。

――なぜ、日本では薬への依存が高くなったのですか。

向谷地　薬への依存度は、地域で支えるシステムの貧困度と比例します。とくに日本の精神科医療は民間病院まかせにしてきた。日本以外のすべての国はちゃんと国が責任を持って進めたからでしょうか。

――浦河赤十字病院のソーシャルワーカーになられたころ（一九七八年）は、薬物療法が主流になったころですね。でも、その流れには乗らなかった。

向谷地　浦河の精神科の先生は、アルコールや薬物などの依存症治療をやってきた人たちが多かったものですから、そもそも薬をあまり使わないで、自助グループが持つ仲間や語る力の回復を大事にした医療を推進するという、精神科医療の中では少数派の先生方がたまたまいて、「べてるの家」は、その土壌の中で育まれたんです。

――実際に、当事者研究の生まれるきっかけは。

向谷地　一九九〇年代に地元の商店街の人たちとの交流から、ある会社が「一人一研究」という活動を実践していることを知って、それが、ヒントになりました。受付の人は受付の研究、お掃除の人はお掃除の研究、誰もが研究員。毎年一回、職場や仕事の改善の研究発表会をしているっていうことを聞いたんです。この「研究」は、おもしろい。このキーワードを、わたしたちの中で温めていたんですよ。「当事者研究」という形をとりだしたのは二〇〇〇年くらい……。

無力を認め合うこと

――スタートは、「統合失調症・爆発依存型」(※2)という自己病名を持つ河崎寛さんですね。河崎さんは、声をかけるとすぐ乗ってきました。何が、やる気にさせたんでしょう。

向谷地　「いっしょに研究しようか」の「いっしょに」という言葉ですね。どうしたらいいのかわからないのは彼だけでなく、こっちもそうなんですから。当事者研究のいちばんのポイントは、共に無力であること。だからこちら側がものを知っていて問題があるのはあなた

(※2)　「統合失調症・爆発依存型」
河崎さんがつけた病名。「当事者研究」では必ず自分で病名をつける。詳しくは、『べてるの家の「非」援助論』(二〇〇二年、医学書院)、『べてるの家の「当事者研究」』(二〇〇五年、医学書院)などを参照。

だ、当事者研究でもしないとだめだぞ、っていうのは当事者研究ではない。共に無力であるという関係ができたときにはじめてできる。

――向谷地さんも無力？

向谷地　そうです。それは紛れもない現実ですから。その時も、次々に問題を引き起こす彼にほとほと手を焼いてましたし、本当にどうしたらいいかわからなかったですから（笑）。

――大事なのは、お互いに無力を認め合うこと。

向谷地　薬は、回復力を高めるだけ。治すわけではない。われわれの支援も、当人が自ら回復していけるように手伝うことです。だから、その人をなんとかしたい、なんとかしようという思いがあっても、その人自らが試行錯誤していかなければ意味がない。統合失調症と同じ病名がついても、一人ひとり、回復の仕方も違う。一人ひとりの中にしか、答えはないんです。

――こちらは、試行錯誤を支える。

向谷地　精神科に関わる病気って不思議なもんでね。その人の暮らしや人生の質とこんなに直結した病はない。たとえば依存症を抱えた人たちが回復するっていうことは、まるで人間を磨くみたいなところがあるんですよ。統合失調症も同じことです。

なぜ人は病むかということはわからないですけど、言えるのは、人のあり方とか社会とのつながりによって変わっていく……。非常に、不思議な病気ですね。

薬だけで治すと性格が悪くなる

――『治りませんように[※3]』という本の中でも、グループホームに帰って「ただいま」と言ったら、家の奥から「お帰り」と返ってきた声に救われたとか、仲間からそっと出されたキャンディ一個にホッとしたとか、ありましたね。

向谷地　個人差はありますが、統合失調症の人の幻聴や幻覚に対処するのは難しい。さっと落ち着く人もいますが、薬は、症状を重石で押さえつけるぐらいの意味しか持たないことも多いのです。

当事者研究は、地味な作業ですけど、つながりを絶やさないように接触を持ちながら、いろいろ失敗したとしても決してその人そのものを否定するんじゃなくて、起きていることの大変さを分かち合うことを大事にしていくとですね、だんだん回復してくるんですよ。ただ、病院に行って、お薬飲んだだけでそれなりに元気になる人もいるんですよ。でも、メンバー

（※3）『治りませんように――べてるの家のいま』

斉藤道雄著、二〇一〇年、みすず書房刊。自己病名「統合失調症・九官鳥型」の林園子さんが、自分の故郷「名古屋で健康でいるより、浦河で病気でいる方がずっとしあわせ」と思い、「治さないで」と言ったことが、本のタイトルになった。べてるの家は、「治せない医者」川村さん（※5参照）と、「治さないで」という障害者の付き合いで成り立っている。

が言うには、そういう人って性格悪くなるんだなぁ（笑）。

——どうして……。

向谷地　こういう病気は原因はどうであれ人の中で回復していくのがいちばんいいんです。手間暇かかるけど……。生活習慣病と同じですよ。暴飲暴食で生活習慣病になったからって、薬で症状が落ち着きましたよっていうのは、予後が悪いですよね。生活が改善しないいまだから。それと同じです。

——でも、「当事者研究」で人にオープンにすることは、「イタイ」という声も聞きますが。

向谷地　当事者研究がイタイんじゃないんです。

いままでは、病気の症状というのは、膿んだ部分をかさぶたのように隠したり、本人が触れたくない一番の苦労を見えにくくする役割をしている。だから、そのかさぶたを取るようなことはするな、病気のことには触れるな、パンドラの箱を開けることになる、と言われてきたんですよ。それが、精神科の治療の「いろは」の「い」、だったんです。それに、風穴を開けたのが「当事者研究」、「べてるの家」なんじゃないんですかね。みんなが語りだしたから……。

確かに、かさぶたの下に病気を起こす原因があるんじゃないか、と原因追究的に開けるとうまくいかない。だから研究なんですよ。当事者研究では、それを「大切な経験」が眠っていると考える。病理とは捉えないわけですよ。ただの無用な土塊だと思っていたものが実は希少金属でね、レアメタルであるというようなもんですよ。

「幻聴さん」(※4)は救いの声

——でも当事者は、いままで、それは全部〝膿〟だと。恥ずべきもんだと、教え込まれてきたんですよね。

向谷地　ところがわたしたちの当事者研究は、これは宝の山だ、と関心を寄せるところからスタートするわけだから、前提が違うわけですよ。研究的な関心と原因追究的な問題意識とは大きな差がありますね。

研究的な関心を持って、自らそこに接近していくと、本当におもしろいです。そこを間違ってむかしながらの問題探しの発想で蓋を開けようとすると苦しくなるだけですが。

——べてるの家では、みなさん楽しそうに話してますもんね。

向谷地　研究をしていてわかってきたのは、「病気がわれわれの暮らしの邪魔をしているん

（※4）「幻聴さん」
統合失調症で出る幻聴を「さん」付けする。妄想も「誤動作」と言い換える。頭に浮かんだネガティブな考えは「お客さん」と呼ぶ。「三度の飯よりミーティング」「苦労を取り戻す」「治さない」など、当事者研究には独特な標語が多い。

じゃなくて、われわれが病気の邪魔をしてたんだ」っていうことです。

――どういうことですか。

向谷地　最初は、病気が自分の邪魔をしているとか、病気のお陰で人生が行き詰っているように見えるんですけど、違うんですよね。病気っていうのは、われわれが本来の人間らしい生き方とか、本来の過ごし方からあまりにも外れてるもんだから、それに戻そうとする作用だって感じがするんです。

たとえば、いわゆる「幻聴」にしても、多くの場合「死ね、死ね」という否定的な内容が多いんです。あれは、「幻聴」が死ねって言っているんじゃなくて、自分が「オレみたいなもんはダメだ」「死んだ方がましだ」って思っていたり、社会の空気や文化が、まるで写し鏡のように取り込まれて「幻聴」になっているわけです。ですから、医学的には「思考化声」（考えていることが声に反映される）と言うわけです。ですから、実験で自分を褒めてみる。周りからも褒められることが多くなって、自信が出てくると、今度は「幻聴さん」も自分を褒めはじめるんですよ。だから決して、幻聴が自分を責めているわけじゃなくて、お前はこうやって自分をいじめているんだぞってことを教えている。自分や周りが人に対して優しくなると、声も優しくなるんですよ。

「現病」の人と、「未病」の人

——それなら、呼び捨てにしたら、いけませんね。「幻聴さん」ってさん付けしなきゃ。救いの声ですからね。からだの痛みも異常を教えてくれている。同じことなんだ。

向谷地　べてるのメンバーは、憎んだり怒ったりすると、すぐ調子悪くなるわけですよ。だから、人一倍人と仲直りしようとするし、人に相談するし、隠しごとをしないし、できない。彼らは憎しみとか恨みとかを抱えてられないんです。それがすぐからだの不調につながるから。そんな人たちをわれわれは「病人」と呼んでいるわけですよ。

われわれは怒りや憎しみを抱えても何食わぬ顔していられる。そんなわれわれを健常者と呼んでいる。どっちが健常なのか、健康的かっていうことです。彼らの方が健康的ですよね。

あえて言えば、彼らは、いますでに病気を抱えているっていう意味では「現病者」、われわれは不健康にもかかわらず症状が出ていないだけ、もしくはこれから発症する可能性がある「未病者」なんです。

——でも、僕らは発症しない。かさぶたのつくり方がうまいのか。

向谷地　「べてるの家」の人たちは、「いま」を健康的であろうとしますけど、われわれの不健康さっていうのは、いろんなところに蓄積していって、人間関係とか社会とか全体を病ませている大きな一つの要因じゃないですか。社会の病という形に反映されていると思いますけどね。

――負のイオンを他者や社会に捨てている。不法投棄ですね。

向谷地　もっと現病の人たちに関心を持って、当事者の経験に学ばないと、社会は本当に大変なことになると思いますね。

――「べてるの家」の役割は健常者にこそ、この存在を伝えることだって、川村先生[※5]も言われてますね。現病の人を通してたくさんのことが見えてくる。

向谷地　たとえば、お腹で寄生虫の「サナダムシ」を飼育していたことで有名な藤田紘一郎先生が一貫して言われていたのが、アレルギー疾患が多いのは、清潔になりすぎたからだということです。人間の腸の中の、腸内環境の多様性が失われてからだ、と言います。からだもやっぱり多様性があってバランスが取れている。そういう多様性が失われて、均一化されると、いろんなアンバランスが生じるということでしょうね。みんなつながっているな、と思いますね。

「ぼくは、しあわせになりません」

――さらに、多様性と言えば、「苦労」の回復、「降りていく生き方」など、われわれが排除したい「負」の大切さを言われますね。

向谷地　わたしは一九五五年、昭和三〇年の生まれです。日本の高度成長と共に育ちました。

青森の片田舎で育ちましたが、小学校のときに白黒テレビ、中学に入ったらカラーになって、電話もついて、小さいながらも車が持てるようになって……。豊かさと共に成長しました。

その後、大学に入って、特別養護老人ホームで住み込みのアルバイトをした経験が大きかったですね。寝たきり老人。この人たちに接して、結局、行き先はここだって思いました。いくら頑張ってもね、人は老いる。死ぬという迎えが来ることを待つしかない。社会が追っかけているのは、幻想だ。なんだか、だまされてたって、気づいたんです。

——それが、「ぼくは、しあわせになりません」につながるんですね。ヴィーゼルの『夜』(※6)で見つけたと思っていた一節。

向谷地 家族がアウシュビッツに収容されて、ガス室で殺され、焼却炉で焼かれる煙の前に

(※5) 川村先生
　浦河赤十字病院の精神科医だった川村敏明(かわむら　としあき)氏。「治せない医者」と自称。向谷地さんと共に、「当事者研究」を推進した。二〇一四年に精神科病棟の休棟を機に退職し、浦河で精神科診療所「浦河ひがし町診療所」を開業。

(※6) ヴィーゼルの『夜』
　エリ・ヴィーゼルは一九二八年、現在のルーマニア生まれのユダヤ人作家。一九四四年、アウシュヴィッツに強制収容され、翌年ブーヘンヴァルトの強制収容所で解放をむかえる。『夜』は、その経験をもとにした自伝的小説。一九八六年、ノーベル平和賞受賞。

立ち尽くすヴィーゼル少年の風景が本の最初の場面に出てくるんですけど、老人ホームの夜間介護人をしていた時に読んだわたしは、その場面から、少年が立ち昇る煙に向かって「安心してね。みんなを置き去りにして、ぼくだけが、しあわせになりませんから」という声を読み取ったんです。それが、いつの間にか、本の一節だとわたしは思い込んでいた。でも、その本にそんな一節はなかったんです。わたしの思い込みだった。本当はわたし自身の叫びだったんですね。

――その誤解こそ、向谷地さん自身の思いですね。おいくつのときですか。

向谷地　一九歳です。

――一九歳のときの思いを持ち続けた。

向谷地　その他にも筋ジストロフィーの子どもたちやＡＬＳ(※7)の人へのボランティアとかをしていて、この現実から逃亡するように、自分一人がしあわせだとか、元気になることに対して、非常に後ろめたい気がしたんだと思うんですよ。

やっぱり人の生きづらさ、苦しみ、そういうところにこそ、大事なものがある。そんな直感みたいなものがありましたね。これを克服して乗り越えてとかじゃなくて、そのまっただ中にこそ大事な何かが……。

だから、「どうやったら苦労できるか」と強く思って生きてきました。

「苦労」が生きやすくさせる

――「苦労」の回復ですね。じゃあ、代表的な苦労を三つ挙げろと言われたら……。

向谷地　一つ目は、大学に入学して、家を出たとき、もっと苦労をしたいと思って親の仕送りを断りました。

次は浦河への就職ですね。そもそも就職には懐疑的で。最終的に、浦河へ来たのは、人気もない（特に駅前）、将来が不安になるような町だからなんです。根っからのへそ曲がりです。過疎化がすすむ田舎の浦河にある病院に「本当に就職するの？」という半信半疑の気持ちで何となく就職面接を受けて、しかも、応募者はわたし一人。決定的だったのが、駅前の寂れように「この町で一生暮らすのか」って動揺している自分の〝普通さ〟に、がっかりしたことなんです（笑）。

――ホッとしました。「がっかり」していただいて（笑）。それから、まさに「降りていく生き方」。徹底して世の中の価値とは逆の道を選んで……。

（※7）ＡＬＳ　筋萎縮性側索硬化症の略称。脳や末梢神経からの命令を筋肉に伝える運動ニューロン（運動神経細胞）が侵される病気。特定疾患に認定されている指定難病の一つ。

向谷地　本当にそうですね。で、三つ目は、職場を追い出されたことですね。精神科担当のソーシャルワーカーとして働いていたのですが、五年ほど経ったとき、ある朝突然、職場の入り口で上司の先生に追い払われたんですよ。「もうクビだ」って。

――なぜ？

向谷地　いろいろあるんですが医者の同意もなく、メンバーさんといっしょに暮らしたりして、仕事か、ボランティア活動か、わからない活動を休日、祭日かまわずやることに対して三行半を突き付けられたんです。もう金輪際、精神科に足を踏み込んじゃだめだと、患者さんとの接触も禁止を申し渡されて。

その日から受付がある事務室の窓際に机一つもらってやり直しです。でも、すぐ気持ちを切り替えて、困っているのは精神科だけじゃない、他の領域にも相談活動を広げようと、ボチボチと仕事をはじめました。

――じゃ、三つ目の苦労は自分で買った苦労じゃない。でも、呼び込んだ苦労だ。どうでした？

向谷地　実は、それまでにもいろいろと小言を言われ続けてきましたから、兆しはあったんです。でも、それが現実になると「これは絶望的だ」って思って血の気が引くような感覚にも襲われたんです。でも、その後がわたしの変なところで、身体の深いところから湧き上がるような止めようもない〝ワクワク感〟が襲ってきたんです（笑）。本当に不思議な感覚でしたね。

――エーッ、手がつけられませんね（笑）。

向谷地　青天の霹靂だったんですけどね。そして、思ったんです。ここまで落ちると、ようやく病気を経験したメンバーの気持ちに少しでも近づけた、と。それこそ「ついに絶望という鉱脈を掘り当てた」というような気になって、こりゃーいいところまで来たなって（笑）。

――オレも、やっとここまで「降りてきたか」と。これから、「当事者研究」は、どうなるのでしょうか？

向谷地　「当事者研究」も、決して病気の人たちを回復させるプログラムじゃなく、どんなことがあっても自分を励ます態度、機嫌よく暮らすための一つの手立てとして生まれたようなものです。とにかく失敗だらけ、無駄ばかりやってきましたが、どんな経験でもちゃんと肥やしになっていく。そこでまた人は生きる。成り立つんだなと、そういう手ごたえは持てましたね。これからは、地域の中で、市民が自由自在に研究活動を展開する「市民ラボ」とか、「市民シンクタンク」につながればいいなと思っています。

――健常者こそ、「当事者研究」ですね。

ようこそ、驚きの介護民俗学へ

六車由実

六車由実（むぐるま ゆみ）
1970年、静岡県生まれ。民俗学研究者。デイサービス「すまいるほーむ」管理者・生活相談員。社会福祉士、介護福祉士。2008年に東北芸術工科大学准教授の職を退職し、２年後、静岡県東部地区の特別養護老人ホームの介護職員に転職。2012年10月から現職。「介護民俗学」を提唱し実践する。全国からの求めに応じてワークショップを開催。「介護民俗学」の普及にも務める。

要介護の高齢者や認知症の人が、昔のことを話す。
「へえ、いやあ……」、みんなの驚く声。
話し手は、驚かれることに驚く。ときにほほもゆるむ。
忘れてしまっていた昔が、ズルズルと引き出され、驚きの渦が広がる。
ここは、沼津の高齢者のデイサービス。
六車由実さんが提唱し、実践する「介護民俗学」の現場へ。

インタビューまで三時間ほどあった。ちょうど、昼からはじまった「すまいるかるた」づくりを見学。今日のお題は、職員の渥美さんから、みんなで思い出話を聞き出し、かるたの読み札にまとめること。

手はじめに、六車さんから渥美さんに質問。渥美さんは体が大きい。スポーツは？　小さいときは、バスケ。二〇代で、フルマラソン。それと、ロードバイク。今年、結婚したばかり。そのきっかけは？　いつしか、聞き手が六車さんから利用者に代わっている。やはり、ロードバイクの縁。静岡の出身だが、沼津に来たのも、結婚がきっかけ。静岡でも福祉施設で働いていた。どうして？　おじいちゃん子だったからかな。「年寄りが好きだって、うれしいね」と、どこからか声がする。

おじいちゃんは、渥美さんが五歳のときに亡くなったけど、よく覚えている。毎日、島田名物の黒大奴（※1）をくれた。「それで、体も大きければ横に大きくなった」と、渥美さんは笑いを誘う。おじいちゃんは建築家だった。静岡駅前の東宝映画館を設計したこともある。いまは？　建て替わった。趣味は彫刻。

一時間ほどかけて、六車さんが、みんなの意見を聞きながら、すまいるかるたにまとめた。

「東宝映画館をつくった建築家のおじいちゃん。黒大奴を毎日くれて、わたしを育ててくれた。お陰でわたしはすまいるほーむで丈夫で働いています」。どう、大丈夫かな？　カズさん、どうでしょう？

カズさんは、「なんかちょっと……。五つで亡くなってから……」。六車さん「ああ、飛躍し過ぎってことですか？」。カズさん「なんか、その間にほしいよね、一つ入れたい」。カズさんは、いま九九歳。するどい。

「じゃあ、間にフルマラソンを入れようか」の声。いや、入れないでという声も上がり、四七作目のすまいるかるたが誕生した。六車さんが発表。

「東宝映画館をつくった建築家のおじいちゃん。黒大奴を毎日一個くれてわたしをかわいがってくれた、お陰でわたしはすまいるほーむで楽しく働いています」。パチパチパチパチ……。

一言も言わなかった人も、表情はほころんでいた。

民俗学者から、介護民俗学へ

——三一歳のとき、『神、人を喰う』(※2)でサントリー学芸賞(※3)を受賞されて、大学の助教授に招かれる。

恵まれた学者スタートですね。

六車　ええ、でもそこから人生狂ったような気もしますけど（笑）。ちょっと言い過ぎかもしれないですけど……。助手、非常勤講師などステップを踏まずに抜擢されましたから、はじめての仕事も多くて。授業数も講演依頼も多く、いろいろなプロジェクトのお声もかかる。休みなく働いていました。自分がわからなくなって、壊れちゃう気がして……。とにかく、もう辞めるしかないと思って……。

――妬みもあったのかな。で、沼津に帰って、介護職に転身された。

（※1）　黒大奴
　静岡県島田市に続く「帯祭」に登場する「大奴」にちなんだ郷土銘菓。「帯祭」は日本三大奇祭に数えられる。

（※2）　『神、人を喰う――人身御供の民俗学』
　二〇〇三年、新曜社刊。第二五回サントリー学芸賞（思想・歴史部門）受賞。世界各地に存在した食人風習。民俗学や考古学が封印してきた人身御供譚の始原にひそむ暴力＝「血なまぐさいもの」をわたしたちの歴史のリアルとして読み直す。

（※3）　サントリー学芸賞
　サントリー文化財団が、広く社会と文化を考える独創的で優れた研究、評論活動を、著作を通じて行った個人に対して、「政治・経済」「芸術・文学」「社会・風俗」「思想・歴史」の四部門にわけて、顕彰する賞。

六車　三カ月くらい、実家にほとんど引きこもり状態でした。何をする当てもない。会社に勤める気にもなれないし、悩んでいたときに、たまたまホームヘルパー二級っていう講座があることを知って受講しました。受講すれば、失業保険ももらえるし……（笑）。

――それで結局、介護施設に勤められた。

六車　お年寄りに話を聞くことを仕事にしていましたから、何かお年寄りに関わるようなことはしたいと思っていたんです。それぐらいのノリでしたね。隣町の特別養護老人ホームに勤めました。

――それが、『驚きの介護民俗学』(※4)の聞き書きのはじまりですか。

六車　いいえ、聞き書きの前に、回想法をはじめました。就職する前に福祉関係の勉強をしていて、回想法があるのを知ったものですから。

――回想法って？

六車　過去の出来事をお年寄りに聞くことで、心を安定させたり、認知症の進行をゆるやかにすることを目的にしています。心理学をもとにした療法ですね。これなら、自分の経験と共通する部分があると思って、そのときの上司に持ち掛けたら、いいよ、と言ってくれて、回想法の時間をつくってくれました。一週間に一回一時間ぐらい、勤めて二カ月くらいではじめたんです。

――介護って忙しいでしょ。先輩や仲間の妬みを買いそうですね。

六車　そうですね。経歴を、みんな知ってるじゃないですか。新人がいきなりそんなことをやって、なんなのよって……。そこでも非常につらい立場でしたね（笑）。わたしとしてはおもしろくて、みんなにも知ってもらいたいと思って文章にしたのですが、読んでくれない。文章が長すぎて面倒くさい、もっと箇条書きにしてよ、とかって言われて（笑）。

——先ほど、すまいるかるたづくりに参加させてもらいましたが、おもしろかったです。みなさんにも立ち会ってもらえればよかったのでは？

六車　最初は、みんなといっしょに、話を聞いていたんです。すると、利用者はその隣にいる人も、前の人も話に加わってくる。みんなでワイワイ話を聞くようなことをしていました。それが、うるさいから、別なところでやってくれないかって言われて、会議室で一対一でやることになりました。三カ月くらい続けて、一人の人の『思い出の記』を一冊にまとめました。

（※4）『驚きの介護民俗学』
二〇一二年、医学書院刊。「事実を聞く」という行為がなぜ人を力づけるのか。聞き書きの圧倒的な可能性を活写し、高齢者ケアを革新する話題の書。

――介護民俗学のデビューですね。

六車　おもしろい世界でしたね。そもそも、わたしのイメージの中では、老人ホームに入っている方たちっていうのは、何もわからないって感じでした。だけど自分が働いて、聞き書きをはじめたら、全然そんなことない。民俗学の研究で、村で聞くときは、だいたいは、校長先生だった人とか、郷土史家とかからはじめる。そこでの人間関係を保ちながら話を聞かせてもらわないといけない。話を聞ける人が限定されるんです。

――妬みなんかないようにしながら（笑）。

六車　そうそう（笑）。だけど老人ホームでは全国から来てたんですよね。年をとって、お子さんたちに引き取られて来た方もいれば、若いころに出稼ぎに来て静岡で暮らすことになった人もいる。いろんな地域、いろんな世代の人たちが、わんさかいる。これはすごすぎると（笑）。

――雑多な情報の集積で、学問的なおもしろさに欠けることは。

六車　でも、民俗学も全然体系はないですから。それがおもしろいところなんですよ。たとえば『介護民俗学へようこそ！』(※5)で書いたように、戦時中に女性たちが青春を謳歌したという話なんかは、わたしのイメージにはなかった。民俗学を研究していたときより視野が広がりました。

——京城[※6]で、終戦を迎えた女性の話も、すごかったですね。

六車　あの京城の料亭の娘さんね。料亭のそばの稲荷神社にあった銀杏の木がすごく好きで、いつも遊んでいたんですけど、そこに終戦の二日後、日本の兵隊さんがゼロ戦で突っ込んだっていう話ですね。それが彼女にとっての象徴的な敗戦イメージだった……。

——それも、戦争の話を聞かせて、と言ったわけではない。

六車　いつもそうなんですけど、偶然の運び。

すまいるほーむで、みんなの思い出の料理やお得意の料理をつくる企画を続けています。彼女は、全然料理が得意じゃなくて、料理の話にのってこない。ここの運動会で何をつくろうかってなったときに、急にお稲荷さんがいいよっていうから、つくり方を教えてもらっていたんです。「なんでそんなにお稲荷さんが好きなの?」っていう話から京城の料亭での話になって、稲荷神社に、毎年お祭りのときにお稲荷さんをお供えしたんだよっていう話になり

(※5)『介護民俗学へようこそ!――「すまいるほーむ」の物語』
二〇一五年、新潮社刊:新潮文庫。「すまいるほーむ」の「聞き書き」で語られる豊饒な物語が問いかける「老いることの価値」とは。人が人として尊重される介護のあり方を切り拓く一冊。

(※6)京城
日本統治時代の朝鮮の行政区域。いまのソウルにあたる。

ました。

そこで話が終わらずに、お稲荷さんをつくっているときに、銀杏の木の話をたんたんと話しはじめたんです。

――いきなりドラマがはじまったようでした。

六車　彼女は、京城の楽しかった思い出はずいぶん話してくれるんですけど、実際に敗戦になって、日本に引き揚げてきた後のことは、ほとんど話してくれない。こちらも聞かなかった。彼女の人生は、燃え上がる銀杏の木とともに変わってしまったんですね。

――民俗学のフィールドワークとも、回想法とも違う展開ですね。

六車　そうですね。いつしか、民俗学とも回想法とも違う聞き書きになっていました。

民俗学では研究テーマに絞って聞きます。回想法は治療法ですから、結果や評価が求められるんですよ。一〇回ぐらいにわけてテーマを決めて進めますから、そこから逸脱してしまう話は、あまり好ましくないとされています。

驚きが、介護の壁をなくす

――治療法なら、効果の判定は？
六車　話した内容よりも、そのときの表情や回想法をやった後の状態、つまりよく眠れたこととか、落ち着いていることとかが評価されます。でも、わたしはそれにすごく疑問があって、その人の心が安定するためにお話を聞くって不自然じゃないですか。だって話を聞かれることによって、記憶がよみがえる。それがどんな楽しい話であっても、楽しいだけじゃ絶対終わらない、表現できない感情があるはずです。たとえば、みつ子さん（仮名）のすまいるかるた「お母さん、最終旅行だよと誘われてはじめて行った娘との京都二人旅。哲学の道、銀閣寺、清水寺へ旅館は渡月橋が見えるところ。いままでいちばんうれしかった」。

この「最終旅行だよ」は、楽しいだけではすまない（笑）。

——そうですね、「お母さんこれが最後になるかもしれないね」ではなく、「最終旅行」が胸に迫ります。

六車　みつ子さんに、いちばん印象に残っていることを聞いたら、娘さんとした旅のことを話しはじめたんです。娘さんと二人の楽しい思い出であるとともに、最終旅行と言われてしまったことのせつなさ……。記憶を思い起こすというのは、複雑な感情を喚起させることなんです。それを回想法のように、穏やかになりましたっていうのは一面的だし、逆に言えば、穏やかになるようなことしか聞いていないわけですよね。それが本人にとっても楽しいことなのか。

それは、ほんとに話したかったことを話してるのか。共有するのは喜びだけか、悲しみを共有しないのか、という違和感もある。回想法っていうのはあくまでも、なんていうのかな、導いてあげる立場のままでいるっていうか。

――なんか薬飲んでいるような感じですね。抑えてあげる、忘れさせてあげるとか。

六車　そうそう。わたしたちがやっている聞き書きっていうのは、こちらが好奇心むき出しで聞くんですよ。それ、おもしろいね、と思いながら。回想法っていうのは知っていることを聞く。聞く、聞かれるっていうところの関係性もまったく違うっていうことだと思うんです。

――聞き書きだと、支援する方、支援される方という関係ではなくなる。すると、どんなことが起こるのですか。

六車　先ほど、キャベツの種を蒔く、と騒いだ男性がいましたね。茂夫さん（仮名）ですが、かなり妄想が激しくなっていました。茂夫さんは強い力で殴りかかりそうになることもあります。その状態を介護の世界では「不穏」という言い方をします。また、気持ちが急に高ぶって、泣き出してしまったりとかすると、「感情失禁」と言います。

――なんと、感情失禁！

六車　感情が高ぶることはいいことじゃない。だから、老人ホームでは、みなさんそれこそ穏やかに過ごされているじゃないですか。なんにもしゃべんないで、部屋でみんなじっと座ってテレビを見ているとか。そんな毎日が普通と言えますか。わたしたちの日常とはまったく違う。あれを異常と思わない感覚を変えていきたいと、わたしは思ったわけです。

聞き書きっていうのは、穏やかにするために聞いているわけじゃない。泣き出されることもあるし、怒りの気持ちが湧いてくることもある。いろんな感情があふれてくる。それが、普通の人のあり方じゃないかなと思うんです。みんなと聞いているから、さまざまな感情も含めて、みんなで共有するわけです。それが、昔寄り合いであったような、人と人との関わりですよね。

聞き書きに効果があるとしたら、非日常であった福祉の世界に、そんな日常的な人と人との関わりを回復させることなんです。

平穏な日常って、おかしいでしょ

――でも、わたしが施設の責任者なら、茂夫さんがあの状態になったら、抱きかかえて車に押し込めばいいじゃないか。そっちの方が効率がいいぞ、と思うのですが。

六車　たしかに、一瞬一瞬では大変非効率なことをやっていると思いますよ。だけど全体で言えば、そうとは言えない。ここに来る前、彼は腰椎の圧迫骨折で入院して、認知症の症状が出ていたから、抑制(※7)されたわけです。次にリハビリのために病院を移されて、そこでも抑制された。しかも睡眠薬も飲まされて、ほとんど寝たきり状態にされたんですね。すごく大きな褥瘡《じょくそう》もつくって。

それで、「これじゃあ、お父さんが死んじゃう」って奥さまが無理やり退院させて、二年前ぐらいからここに毎日通いはじめました。最初のうちは、もっとすごい妄想があったし、もっと暴力的で、大変な状態だった。

でも、今日なんかは誰も、うろたえてないでしょ。慣れてるっていうよりは関係ができてるからです。時間がかかったとしてもなんとかなるなって思っている。全体からすると効率的なんです。

——なるほどなるほど。

六車　茂夫さんも、病院でのことを覚えていて、オレは怖かったんだって、いまでも言いますからね。強制的な対処療法は恐怖を募らせて、関係を悪くするだけです。

病院でベッドから降りようとしたり、叫んだりしても、茂夫さんなりの意味があったと思うんですよ。怖いとか、ここにいたくないとか。それを、強制的に押さえつけようとしたら、逆に反発も強くなるし、恐怖心も募る。その記憶が刻みこまれてしまう。

だけど、すまいるほーむなら、心配しなくても大丈夫だよって安心できれば、そういう症状は薄れていく。また、信頼関係がベースにあれば、そういう状態になってもなんとかなるもんなんです。

見送る人は、見守られる人

——利用者との関係性でいえば、亡くなられたときは、みなさんに話されるのですか。

六車　入院されたときも、亡くなられたときも、みなさんに話します。

――それ、認知症が進んでいる方にも？

六車 ええ。亡くなられたときには、行きたいと言われれば、ご葬儀にもお連れします。葬儀を終えた後に、すまいるほーむでは、写真を飾って、全員でお見送りをします。写真に語りかけながら、献花する。思い出話をして、みんなで悲しみをともにします。

――でも、伝えない施設も多い。

六車 ええ、利用者が動揺してしまわないように配慮して、ということだと思います。でも、わたしの場合は、自分が利用者さんの死を一人で受け止めることができない。むしろ、利用者の方が年を重ねている分、死を受け止めるのに長けているはずなんじゃないか。だから、委ねたいな、と思ったんです。

以前にあったことなんですが、利用者が亡くなられて、写真に話しかけると、やっぱり、わたしはつらくてそこで泣いてしまったんです。そのときに、ある方が「ここに来てるよ」って言ったんです。その言葉にすごく救われました。

（※7） 抑制
福祉施設や病院などで、認知症の高齢者や精神疾患のある人を、事故につながったり、治療行為の妨げになるような行動を抑えるために、ベッドや車いすに固定する行為。ひもや抑制帯などの道具で縛ったりする。また、向精神薬によって動けなくすることも、抑制と言われる。

亡くなられた方は、救急車で病院に運ばれました。救急車に乗っても、ずっと、すまいるほーむに行きたいって言い続けて……。ここが大好きで、すまいるほーむの看護師さんに診てもらうからいいの、と病院でも言われていたのを、みんな知っているんです。だから、「絶対彼女は、ここに来てるよ」って、天井のあたりを指さしたんです。
「死って単なる別れじゃない。いなくなることじゃなくて、そっか、見守ってくれてるんだ」って死の受け止め方を知りました。民俗学者として、葬送儀礼とかの調査をしてきたのに、そんなことに気づかなかったのですね。

――死は多様な意味を持っている。それを実感できた。

六車　沼津では、七月下旬に灯篭流しをやってるんです。灯篭に、ここの仲間で亡くなった人の名前を書いて流しに行きます。毎年の恒例行事です。みんなでその灯篭を眺めながら、思い出話をします。話している人たちも、もし自分がそうなっても、きっとこういうふうにしてくれるんだろうなって、思ってくれているはずです。

――なるほど。「介護民俗学」の思いがもっと広がっていけばいいですね。と、ここで終わっていいのですが、どうしても、伺いたいことがあって……。
『神、人を喰う』の中で人柱は、「神の意に背いて強いて神の領分を侵すような大工事に際してのみ、このことが行われる」と、『人身御供論』(※8)から引用されていましたね。あの「神の領分を侵す」とは、どういうことですか。

六車　『神、人を喰う』の後も人柱の研究をしてたんですけど、人柱は神へ捧げられた生贄ではなくて、逆に人を神にする儀礼なんです。

――人が神になる。

六車　人柱は古代・中世よりも近世から多く見られるようになりました。江戸時代に、河川や治水の工事が盛んになり、技術が発達していく。中世までは、自然に対する畏怖が、すごくあったのですが、近世においては、人間の側が自然を侵し、支配していく思想が起こってくる。そのときに立てられたのが、人柱です。

強靭な人間だったり、宗教的な力を持った巫女、あるいは芸能者とか、何かの大きな力を持った人をそこに立てることによって、自然神ではない人を、守り神にしようという信仰なんです。

――いつしか、恐れを知らなくなった人。人も自然も力づくや薬で制御して、万物の上に立つなんてできませんね。

（※8）『人身御供論』
一九七三年、宝文館出版刊：ちくま学芸文庫。著者は、高木敏雄。高木は、一八七六年熊本生まれ、一九二二年没。東京高等師範学校、大阪外国語大学教授を歴任。日本における近代的な神話学の先覚者と言われる。柳田國男と雑誌『郷土研究』を発行。民俗学にも多くの功績を遺す。

「弱いロボット」だから、できること

岡田美智男

岡田美智男（おかだ　みちお）
1960年生まれ。東北大学大学院工学研究科博士後期課程修了。NTT基礎研究所情報科学研究部にて音声認識、自然言語処理、プラン理解などを統合する音声言語システムの研究、生態心理学や状況論的なアプローチに基づいた非流暢さを伴う発話生成機構の研究を行う。95年より国際電気通信基礎技術研究所(ATR)に移り、ソーシャルなエージェント「トーキング・アイ」やソーシャルなロボット「む〜」を開発。2006年より豊橋技術科学大学教授。著書に、『弱いロボット』(医学書院)、『〈弱いロボット〉の思考』（講談社現代新書）がある。

「賢いロボット」でも、「強いロボット」でもない。
岡田美智男さんは「弱いロボット」の研究者。
ゴミを見つけるけれど拾ってくれない。ティッシュを差し出すくせに渡してくれない。
中途半端な仕事しかできないロボットを開発する。
動作は、オドオド、ヨロヨロ、モジモジ。しっかりせいよ、と言いたくなる。
そうか、俺がいないと、まともなことができないのか、と、つい手を出したくなる。
人から人らしさを奪うのではなく、弱さが、人らしさを呼び起こしてくれる。

役立たずの「弱いロボット」

――研究室で、著書『弱いロボット』(※1)にでてくる本物のロボットに会えました。ゴミ箱ロボットがヨロヨロ近づいてくる姿を見るだけで、笑ってしまいますね。あまりの頼りなさに。人にゴミを拾って入れて、としぐさだけで訴えるんですね。あれは、いつごろの作品ですか。

岡田　ゴミ箱ロボットは、二〇〇六年ぐらい。いまの大学に来てからですね。

(※1)『弱いロボット』
二〇一二年、医学書院刊。発想を転換したロボット論。人とロボットとの関係性から浮かび上がる、人のコミュニケーションやロボットとの共生社会の在り方。

――「弱いロボット」の第一号は？

岡田　「む～」というロボットですね。二〇〇〇年ごろ、前の研究所、ＡＴＲ（※2）時代に開発しました。

――凛々しいロボットは一台もないんですね（笑）。

岡田　ロボット技術者ではないから、ガラクタのようなものしかつくれない（笑）。ロボットと人との関わり合いから、コミュニケーションと身体の関係が見えてこないか、という興味で研究をはじめたんです。それで、完全無欠なロボットというよりは、どこか不完全なものが出来上がってきたということですね。

――不完全な「ロボット」とは、常識と正反対の発想です。

岡田　ぼくらの身体やコミュニケーションは、そもそも不完全なんです。それでも、ぼくらが何も不自由を感じないのはなぜかっていうと、その不完全な部分を周りに補ってもらって完結させているからです。なら、ロボットも必ずしも自己完結する必要がないんじゃないかな、とつくりはじめました。

――なるほど。身体が不完結なら、ロボットも不完結が自然ですね。

岡田　もともと、わたしは役に立つロボットっていうのが好きじゃない。むしろ、気持ち悪い。完成したロボットに周りを囲まれる生活って嫌だなと、それではぼくらは完全に受け身になる。俺は何すればいいんだって、とまどいだけがあった。

いないと寂しいロボット

――役立たないロボットは、人を能動的にする。

岡田　ええ、人だって、ロボットだって、なにも役に立たないけれども、そこにいないとなんだか寂しい、その存在感がおもしろいって、ずっと思っていたんです。ゴミ箱ロボットは、勝手にゴミを見つけても拾ってくれない。ヨタヨタしていてゴミの前で困っている。情けないロボットです。一人では何もできないんだけど、周りの助けを引き出しながらゴミを拾い集めるようなロボットをつくったんです。不完結さが周りの手助けを引き出して目的を達成してしまうタイプっていうのは、いままでのロボットになかったんじゃないか、と自分の方向が見えました。

――自己完結しない、むしろついついこちらが手を出したくなるようなロボットです。ケータイが便利になって、電話番号を覚えなくなった。記憶が外部化されて、記憶力が落ちたとはよく言われますが、人とロボットが共存するには、「弱いロボット」が正解かなっていう気になりました。

（※2）　ATR
株式会社国際電気通信基礎技術研究所。産官学の幅広い支援を得て設立された、電気通信分野における基礎的・独創的研究の一大拠点として内外に開かれた研究所。

岡田　ぼくら工学系の人間は、便利なものをつくろう、それできっと世の中の人が喜んでくれると信じて、技術開発を進めている。技術の隙間を埋めることにあくせくしている。やればやるほど要求水準が高まるんですけど、その分、人が関わる余地がなくなる。すると、やってくれる人とやってもらう人との間の乖離が広がることになる。「弱いロボット」がやっているのは、むしろ、その隙間をいかにデザインしてあげるか、人の参加する余地をどうデザインしてあげるかっていうことです。人の関わりを無意識に引き出しながらいっしょになって何かできるといいなと思っています。

――シートに詰めて座ってくださいって電車でよくアナウンスがありました。いつしか、シートの間に、二人分、三人分のポールが立ちました。一人分の凹みもできました。もう何も言わなくても、シートに七人がかけます。社会は人にマナーを期待することを諦めたのですね。その分、ぼくらは状況を気にしたり、気づきをなくしました。弱いロボットなら、違うアプローチをしてくれたはずです。

岡田　そうですね、気づきがなくなったら感覚がなくなりますね。

――意図に気づかずに、意図するままに座る。もう、気づきの必要がない。環境に気を配る必要もない。環境とのコミュニケーションをなくせば、感情もなくしていきますね。ゴミ箱ロボットなら、ひたすら、人の気づきを待っている、ウロウロ、モゾモゾしながら。健気やなあ。

岡田　ティッシュ配りのアルバイトは、疲れてくると機械的にやる。機械的すぎると嫌がって通りすぎる人もいるけれど、この「アイ・ボーンズ」というロボットはタイミングが合わないと、ちょっと出しては引っ込めて、引っ込めては出してってモジモジした感じが人を惹きつけるんです。助けてあげようかって人が持っていってくれる。自己完結していないから、外に向けて開いているということです。協働に引き込んで目的を達成してしまう。他者からの支えを予定しながらいっしょに自立するっていうロボットをつくっていきたいわけです。

人をよせつけない無謬の怖さ

――工場で精妙に動くロボットを見ていると、怖くなるんですよ。あのアームが逆の方に動けば、どうなるのか。誤操作したり、人間に似ているロボットなら逆襲されるような怖さがある。

岡田　食事介助ロボットなんか、福祉関係では出てきそうですね。手が不自由な方のために、ロボットがきちんと口元まで運んでくれる。全部ロボットの判断に委ねられているから、人が従っている感じ。人が口を開いているだけって、すごくもの悲しく見える。

基本的に人と人との関係ってお互いの委ね合いがあるはずなんです。人が大人になることは、自立を目指す。自立とは、一人でできるってこと。だから、高齢者になっても大人なら、ロボットの支えを受けつつも一人で生きていってくださいねっていう、世の中がそういう圧力をかけてるのが嫌だなって。そういうロボットをつくりたくない。

――「弱いロボット」は生産性の牙城である製造工場には入っていけませんか。

岡田　いや、工場にも、「弱いロボット」がいてもいい、と思っています。

　バクスターと言って、両腕型のロボットで、ものすごい速度で部品を組み上げるのですが、その側でロボットが苦手な作業を人が支援する状況があるんです。ロボットの動きがすごくて、ぼくなんか、側に寄るのが怖い。もし、あの手先がほんのちょっとオドオドしてくれたら、人が近づきやすくなるんじゃないかなって思います。だから工場の中のロボットにもちょっとしたモジモジ感とか弱々しさとか必要なんじゃないか、とぼくは声高に言ってるんですけど、企業の人はあんまり聞いてくれないですね。

――オドオドしないロボットは、誤操作しても、間違いと認めない世界観の怖さがありますね。無謬を信じている怖さです。

岡田　ミハイル・バフチンというロシアの思想家が、「不完結な言葉は内的説得力を持つ」と言っています。上司から部下に対して「これをコピーしなさい」と命令すると、部下は従うしかない。権威的な意味で完結してしまう。だけど日常っていうのはそんな話し方しないですよね。相手に半分委ねながら、相手といっしょになって意味をつくりあげる、調整の余地がある。それが相手を促したり、納得をつくりあげたりしている。

　ロボットから言われるときつくて、しかも何を言い返してもロボットは理解してくれないから、一方的に聞くしかない。だから、ロボットが言いよどんだり、弱々しかったりっていうのは、参加して、いっしょにつくりあげる要素が生まれてくるんですよね。

それに、必ずしもロボットは日本語を使わなくてもいいんじゃないかと最近思っているんです。

いっそ、言葉もなくしてしまう

――言葉もない。会話をなくしてコミュニケーションを成り立たせる。

岡田　ゴミ箱ロボットが「もこー」「もこもん」とか言って日本語じゃない方が解釈する余地が生まれて、いっしょに意味をつくっていくような、柔らかいコミュニケーションが生まれるはずなんです。お風呂や電子レンジから「もこー」と声が出て、「あ、そろそろかな」と気づく方が、人との関わりがおもしろい。

――でも、人が関わる、いっしょにやる作業は、ミスが多い。時間もかかる。そんなの、待ってられない。それで、気づきと関係性で調整してきたやつを、社会はすべてカットしてきたんですかね。弱いロボットで少し押し返したいですね。

岡田　いまぼくは弱いロボットのコンセプトをいろいろな社会に実装したいなと思っているんです。やってくれる人とやってもらう人、教える人と教えてもらう人、介護をする人と介護される人にも線を引くと、相手に対する要求水準を高めてしまう。サービスを受ける側も受け身だけの存在になってしまい、不寛容の世界ができ上がる。さまざまな関係に「弱いロボット」を持ち込みたい。弱さで、人の関係性を取り戻したい。

――「べてるの家」の当事者研究のキーワードは、「弱さの情報公開」ですね。

岡田　弱いロボットは、その象徴です。人の強みをうまく引き出して、自分の強みもうまく引き出し合いながら、お互いの弱さを補い合う関係だと思うんですけど。関係性のデザインっていうことですよね。

――お互いの弱さが、相手の強さを引き出すということは、先生と生徒、介護者と被介護者の立場が入れ替わることもあるわけですね。立場が固定されない。

岡田　自分で勉強するよりも、自分よりちょっと年少の子どもの世話をしている方が熱心になれて、結果的に自分も学んでしまうっていうことがあるんです。あるいは、母親が一生懸命自分の子どもの世話をしていく中で、反対に自分が成長するという逆転も起こる。教えつつ学ぶという。多分それは、ケアの分野なんかでも、一方的にケアをするっていうこともあるけども、他人のケアをする中で、自分もケアをされるっていうのも多いはずなんです。ただ、弱いロボットを世話する中で、自分でケアされちゃうっていうのは飛躍しすぎでしょうが。

これからは、弱さ、不便、引き算

――「弱さ」だけじゃないですね。『「便利」は人を不幸にする』(※3)もありますし、「不便」「遅い」など、マイナーな価値が見直されなければ。

岡田　そうです。ぼくらは、いま不便益を研究しています。不便なところに何かメリットがあるんじゃないのかって、社会システムとして議論しています。足し算型から引き算型へも大切なテーマです。「弱いロボット」は引き算型のデザインともいえます。

――なるほど。そんなに強くないんだから、委ね上手な自立になったらいいですよね。

岡田　わたしは、「弱さが取り持つ縁」って言っています。「弱さ」が、新しい世界を広げてくれるはずです。

――うれしいなあ。ある福祉施設からの依頼で、わたしが出したキャッチフレーズは、「かけているから、つながれる。つながるところに、光さす」です。

岡田　お掃除ロボットでも、弱さが縁になって弱さを補いつつ、強さを引き出し合う関係性は弱さが取り持ってるんですよね。それをみんな弱さを隠そうとするから、関わり合いが生まれなくなってしまってるわけですからね。

――「弱さ」を誇りに生きていきます。

（※3）『「便利」は人を不幸にする』
佐倉統著、二〇一三年、新潮選書。「進歩」がエンドレスならば、わたしたちが満たされる日は永久に訪れないのか？「便利」と「幸福」の間の、ほどよい着地点はどこにあるのか？「科学技術」と「人間」のあるべき関係を気鋭のサイエンティストがさぐる。

幸せの多様性

松永正訓

松永正訓（まつなが ただし）
1961年、東京都生まれ。千葉大学医学部を卒業後、小児外科医となり、2006年に「松永クリニック小児科・小児外科」開院。日本小児外科学会会長特別賞など多数の受賞歴。著書は、註でも紹介した『運命の子 トリソミー』『発達障害に生まれて』のほか、『小児がん外科医』（中公文庫）、『呼吸器の子』（現代書館）、『いのちは輝く』（中央公論新社）、『どんじり医』（CCCメディアハウス）など多数。

「不幸な家庭には、さまざまな不幸があるが、幸福な家庭はどれも似ている」と、トルストイは言ったけれど、ほんとうに、そうだろうか。

子どもを身ごもったときに、どうぞ、障害児が生まれますようにと祈った親はいないだろうが、いっしょに生きる中で、幸せを見つけた家族はいる。

幸せのカタチも、ひとつじゃない。

短命のいのち、奇跡のいのち

——著書『運命の子　トリソミー』(※1)の朝陽くんとの出会いは、彼が生まれた病院から主治医になってほしいとの依頼からでしたね。
松永　新生児科の先生から直接電話があって、染色体異常の子が自宅に帰るので、地元の主治医になってくれって言われて引き受けました。
——朝陽くんは、どんな染色体異常だったのですか。
松永　13トリソミーです。通常、染色体は母と父の染色体一本ずつで一対になって、二三対でできています。トリソミーとは染色体が一本多い疾患です。13トリソミーはその一三番目

（※1）『運命の子　トリソミー——短命という定めの男の子を授かった家族の物語』二〇一三年、小学館刊。第二〇回小学館ノンフィクション大賞受賞。

の染色体が一本多くて三本になっています。トリソミーには13、18、21の三種類があって、21はダウン症と呼ばれています。13、18は生まれてきても短命です。

――それ以外の染色体異常はないのですか。

松永　ありますが、ほとんど生まれることができない。

――ということは13、18は生命力のある染色体異常なんですね。

松永　そういう見方もできますね。流産した赤ちゃんを染色体分析したら、なんかのトリソミーの可能性は高いと思います。13トリソミーと18トリソミーも流産になることが多いのですが、一部の子が生まれてくる。

ぼくも大学病院にいたときに、産科の先生との合同カンファレンスで、胎児が羊水過多で染色体検査をしたら18トリソミーが見つかったということがありました。生まれたら食道閉鎖のオペをしよう、と打ち合わせをしましたが、翌週死産になりました。だから13、18トリソミーの子が生まれてくること自体が奇跡みたいなものなんです。生まれても、ほとんど一年以内に病院の中でいのちを終えます。

――では、病院を出るなんて奇跡以上。

松永　そもそも13トリソミーの子が病院を退院して家に帰ってくるなんて話は聞いたこともなかった。名ばかりの主治医が数カ月続いていたんですけど、あるとき書斎でじっくり考えて、ただクリニックに来るのを待つだけじゃなくて、深く関わってみよう、と思ったんです。

13トリソミーは治療をしない

――どうしてそこまで。

松永　13トリソミー、18トリソミーの子って見捨てられてたんです。生まれてきても、治療しない。トリソミーの子を助けることがむしろ残酷と思われてた時代がずっとあった。助けることは過剰医療、いたずらにいのちを引き延ばして患者を苦しめるだけだと、研修医のころから教わってきた。ぼく自身も見捨てたことがありました。果たしてそれでよかったのか、という思いを一五年以上ずっと引きずっていました。

――見捨てられたいのちもあった。

松永　朝陽くんは病院で何度も無呼吸発作を起こし、その都度医師が酸素を肺に送って蘇生してるんです。一五年前、ぼくが大学病院にいたころだったら、蘇生してなかったと思います。トリソミーだからしょうがないよねって。

――当時、親も合意していたんですね。

松永　ええ。13トリソミーって診断をされたら、短命です、長くて一年のいのちですって。長くは生きられませんので治療は諦めてくださいと説明します。

わたしが大学病院にいた一九九〇年代は、治療を望む親はほとんどいませんでした。ですが、二〇〇〇年ぐらいから親の意識は変わってきたと思いますね。ぼくはその転換期に大学を辞めて開業医になった。だからぼく自身トリソミーの子のいのちにどう向き合うかっていうのが宿題のままだったんです。

――朝陽くんとともに答えを出そうと。

松永　定期的に家庭訪問してみよう、と。インフルエンザの予防接種や、便秘でお腹が張るって聞けば座薬を持っていったり、医者っぽいことをしながら、実際は家に行って世間話をして帰ってくる。

――先生の意図は先方に伝わっていたのですね。

松永　最初にお伝えしました。朝陽くんは目も見えないし耳も聞こえないし、しゃべれない。飲み込むこともできない。お母さんもなんでこれほど重い障害を持った子が生まれてきたのだろうと、戸惑いがあるわけです。

朝陽くんが愛おしくてかわいい。長く生きてほしい。けれど、何十年も生きるのもかわいそうだって思う。矛盾した気持ちです。

こういう子を授かることの意味はなんだろうか、その意味を自分に問う苦しみ……。わが子を親が受容する過程をリアルタイムで見たかったんです。それで正直に「これからぼく、家庭訪問を繰り返して、お母さんと朝陽くんの生きる姿をできれば本にしたいんです」って言ったら、「どうぞ、ぜひうちに来てください」って。

条件付きの愛、無条件の愛

——親の矛盾した気持ちも全部さらけ出します、と。

松永　お母さんには二律背反の心がある。朝陽くんは口唇口蓋裂があるのですが、見てかわいいと思っている。けれど、人前には出せないんですよ。人が見たら「何あれ」って言われると思うんです。お母さんって自分の視点と他者の視線を頭で思い描いて、外出するときは口唇のところにテープを貼って隠すんです。

——お母さんの頭には、世間の目が入り込んでいる。

松永　だけどお父さんは全然気にしないです。朝陽くんを散歩に連れて行くときも、テープを貼らない。他人にどう思われるかが人生じゃないっていうのが彼のポリシーです。

——お父さんには驚きました。

松永　朝陽くんを左胸のあたりで抱っこしていると、すごい一体感というか、朝陽くんが自分の体の一部になったような気がするって、言うんですね。ギターを抱えて弾いているときと似た感覚だと。ぼくもよくわからないんですけど。わが子と自分が一体になっちゃうっていうのは無条件の愛なんでしょうね。

——なんか、わが子への愛も超えているような。「いのち」そのものへの愛を感じます。

実は、わたしの個人的な思い出ですが、ひとり息子が生まれたとき、夜泣きがひどくて、妻もはじめての子で産褥ノイローゼになりまして、もうたいへんでした。この子が世に出たことを、本人も誰もよろこんでいないのか、と思ったりして。それが、生後三カ月ほどたった九月でした。息子を素っ裸にして床に寝ころばしたら、ガラス越しの日差しを体いっぱいに受けて、もう両手両足をバタバタ動かすんです。その姿を見てましたらね、この子はこの世界を全部丸ごと受け入れてんねんな。すごいなあ。ぼくは見ない振りしたり拒否したり選択してるのにと思ったら、急に「愛おしい」思いがあふれてきました。

松永　親が子どもに向ける愛情って、頭がいい子じゃないといやだとか、生まれる前は条件付きの愛情です。ましてやダウン症の子どもだったらいらないとか考えてるんですよね。だけど、子どもを育てる中で条件って外れていくんですよ。親って育てる中で親になっていくというか。親には自分の子どもを愛せる能力みたいなものが眠ってるんだと思うんです。どの人にも。

家族がそろっていれば幸せ

――お父さんの展利さんは、天性のセンスを持っています。

松永　展利さんのお母さんは、教育ママみたいな人だったようですよ。すごく厳しい育てられ方をした。一時期引きこもりの時期もあり、その間深く考えたんでしょうね。その結果、自分はホワイトカラーにならない、ブルーカラーとして生きることを決意した。詳しく聞いたわけではないが、わたしの印象です。その果てに展利さんが辿りついたのは、家族だったんじゃないですか。家族っていうのはどれだけ素敵かってことに気づいた。

お母さんの桂子さんもそうです。なんでこんな重い障害の子がうちに来ちゃったんだろうってずっと思い悩んでたんだけれど、障害があってもなくても関係ない、家族は家族っていうことに最終的に気づいていくんです。

――二人とも、いちばん大切なのは家族だった。

松永　朝陽くんの二歳の誕生日に伺ったときに、桂子さんから聞いた話です。朝陽くんの誕生日の直前にお父さんが体調を崩して入院したんです。そのお父さんがいなかった家庭は本当に寂しかったんですって。朝陽くんと朝陽くんのお兄ちゃんとの三人で、お父さんのいないひと月は寂しくて寂しくて、家族ってそろってないとダメなんだって痛感したんです。

朝陽くんは13トリソミーがあろうがなかろうが、家族じゃないですか。だから「朝陽がここにいてくれて、わたしはうれしいっていうことを痛切に感じた」って。家族に条件はないんですよね。

――すごく幸せな家族ですね。

松永　幸せですよ。ぼくなんか凡人だから欲があるわけですよ。お金持ちになりたい、本をベストセラーにしたい、くだらない欲をいっぱい持ってるんです。だけど、そういう欲って誰でも持っているじゃないですか、人間って。朝陽くんのご家族にはないんですよね。ただ生きてて四人そろっていれば、もうそれだけで幸せっていうそういう感覚なんです。すごくシンプルでささやかだけど、十分な幸せがそこにあるんだなって感じました。

朝陽くんの感情を迎えにいく

――朝陽くんをひとりの家族として愛する。そこから、さまざまなコミュニケーションも生まれてくるんですね。

松永 朝陽くんは言葉もなく、表現する力は弱い。でも、コミュニケーションはとれるのです。二歳までの間にちょっとずつ成長している。ニカッて笑ってみたり、ふふふと笑ってみたり。親はただ見ているだけでなく、親の方から反応を探っていく。この子は何に喜んで、悲しんでるかって、その感情を親の方から迎えにいくんですよ、それが素敵だなって思います。展利さんは、その引き出し方がすごい。朝陽くんに、自分の指を握らせて固定しておく。すると、指をニギニギしてくれるような気がするって言ってました。

――言葉だけに頼ったコミュニケーションとは全然違う深まりを感じます。著書『発達障害に生まれて』(※2)は、自閉症の子・勇太くんを母が受容していく話でしたね。

松永 勇太くんは、自閉症スペクトラム障害です。コミュニケーションをとるのが難しい。トイレの洗浄の水音には強い関心を示すのに、トイレのジェットタオルの音には強い不快感がある。お母さんにも話しかけられない。「今日、学校でこんなことあって」とかも言えない。でも、会話はなくても親は愛情を育むことがちゃんとできるんですね。13トリソミーの子どもだって、ただいのちを一年、二年と長らえさせているだけではない。ただ苦しみだけのいのちではない。それが、いまのぼくの結論です。

――ということは先生の宿題に答えが出たんですね。13トリソミー、18トリソミーでもちゃんと治療する。

松永　人を定義するときに、しゃべるとか道具を使うとか二足歩行とか特徴をあげて、これができるのが人であるって、言う学者さんもいるじゃないですか。だけどそうじゃないって思うんです。人から生まれたのが人であって、人に条件はないっていうのがぼくの考え方です。つまり存在していれば人なので、いわゆる健常者と言われる人も人だし、呼吸器をつけて寝たきりの人も人だと思う。だから存在していれば尊厳があるのです。

（※2）『発達障害に生まれて――自閉症児と母の17年』
二〇一八年、中央公論新社刊。第八回日本医学ジャーナリスト協会賞・大賞受賞。知的障害を伴う自閉症スペクトラム障害の発達障害の子どもと、その子どもを受容して生きていく母子の物語。発達障害の子の育て方、さらに社会が受容するためのヒントが詰まっている。

——ぼくなんか、社会の評価が基準になって、幸せを感じるんですね。自分の価値ではなく、社会からの借り物の価値。

松永　障害児を受け入れるってことは、どこかの過程で、自分が持っている価値基準を壊すことなんです。全部解体してゼロから積み上げていく。それこそいい大学を出て、大会社に入って、結婚をしてって。だけど障害児を授かって自分の子として受容するとき、違った種類の幸せがあると気づいて、それを積み上げていくんです。だから自閉症児のお母さんに夢は何かって聞くと、自分自身には夢はない、自分の人生はどうでもいい。自分の子どもの勇太くんが、死の直前に「ああ、おれは生まれてきてよかったな、おれの人生は楽しかったな」って思ってくれたら幸せだって。

——自分自身のオリジナルな物語を紡いでいく。子どもと向き合いながら。

松永　「あなたはあなたのままでいい」ってはじめて言えるんです。こんな子でもいいじゃなくて、そのままがいいって。勇太くんのお母さんは、「食べたら障害が治るっていう実があったら食べさせますか？」っていう問いに「食べさせない」って言うわけですよ。

——展利さんも言ってましたね、口唇口蓋裂の手術をして顔の形を変えたら、「うちの子じゃなくなる」って。

松永　展利さんは、人工呼吸器も使いたくないって言いました。なぜなら、「そこまで、支配されたくない」と。「支配されたくない」。とても重い、哲学的な言葉ですね。

患者さんは「機械によって無理矢理生かされるのは嫌だ」という言い方をよくしますけど、そういう意味ですか？って訊いたら「それとはちょっと違う」と。朝陽くんらしく生きるのが大事だとお父さんは多分考えているのかな。そこに呼吸器がついてしまうと、無理矢理生かされるというよりも、主体的に生きていない、支配されているとそういうふうに思ったんじゃないかな、とぼくは解釈したんですけど。

——知らぬ間に社会の価値基準に沿って生きること、それが「支配されている」ことなんですかね。

松永　そうかもしれませんね。ぼくらは世間の価値観に支配されてる。自主的に生きているつもりが実はそうじゃない。

——借り物の物語ではなく、障害者といっしょに自分だけの物語をつくりたいですね。

横田弘が拓いた道を、半世紀後、健常者が歩く

荒井裕樹

荒井裕樹（あらい ゆうき）
1980年、東京都生まれ。二松学舎大学文学部准教授。専門は障害者文化論、日本近現代文学。東京大学大学院人文社会系研究科修了。博士（文学）。著書に、『隔離の文学』（書肆アルス）、『障害と文学』（現代書館）、『生きていく絵』（亜紀書房）、『障害者差別を問いなおす』（筑摩書房）、『車椅子の横に立つ人』（青土社）、『まとまらない言葉を生きる』（柏書房）など。

日本は、まだタテ社会のままなのか。

男性の下に女性がいて、健常者の下に障害者がいて、いつも、どうにかして、上下関係をつくりたい。

青い芝の会(※1)は、健常者と障害者が上下関係ではなく、いっしょに横に並んで歩こうとした。その方が世界は大きく広がる。

障害者差別の解消は、その突破口だった。

芸術・文化を生んだ障害者

——荒井さんの本には、花田春兆さん(※2)、横田弘さん(※3)のお名前がよく登場します。お二人とも、荒井さんの師のような方ですね。実は、わたしも、花田さんを、公益財団法人ヤマト福祉財団主催の

(※1)青い芝の会
一九五七年、東京都で脳性まひ者の親睦団体として発足。一九六五年、神奈川県に「青い芝の会神奈川県連合会」が発足。横塚晃一、横田弘などが中心となり、「川崎バス闘争」など、先鋭的な実力闘争を展開した。

(※2)花田春兆(はなだ　しゅんちょう)

俳人・作家・障害者運動家。一九二五年、大阪府生まれ。二〇一七年逝去。俳人として中村草田男に師事。「ヤマト福祉財団 小倉昌男賞特別賞」など、福祉活動においても多数の賞を受ける。

「小倉昌男賞」(※4)の授賞式で、毎年拝見していました。

荒井　その授賞式にも、二〇一〇年ごろまで毎年行っていました。小倉昌男賞は副賞が春兆さんの俳句で、わたしは春兆さんのかばん持ちのようなことをしていましたので。

――わたしが行き出したのは、二〇一三年ごろからです。入れ違いですね。

荒井　春兆さんは、俳人であり、運動家でもありました。障害者団体定期刊行物協会の設立にも尽力した方です。横田さんの大先輩で、春兆さんがいなければ、きっと青い芝の会も生まれていなかったでしょう。

――花田さんは、思想家でもあった。

荒井　「日本の歴史を一〇〇〇年単位で振り返ってみろ」って、春兆さんにはよく言われました。たとえば大昔、芸能や文化に携わっていた人たちは、農作業という過酷な労働に適さない身体の人たちが少なくなかったのではないか。目の見えない琵琶法師のように、日本の芸能とか文化に関わることは、かなりの部分、障害者たちが担ってきたはずだという「花田春兆史観」はおもしろかったですね。

文化とか福祉とかは、一方的にお上から授けられるものじゃなくて、日々の暮らしの中で、障害者が自分たちで生きていくために、道を切り拓く努力をしてきたはずなんだ、そこに興味関心を持ちなさい、と教えていただきました。

――それが、荒井さんの研究テーマ「障害者文化論」に結び付くのですね。

荒井　でも、お上に対して「くれ」とか「よこせ」って言えるしたたかさも大事だ、とも春兆さんに教えられました（笑）。春兆さんたち戦前世代の障害者には、なんの制度も保障もなかった。障害者運動もなかった。春兆さんたちが第一世代です。だから、自分たちで自分たちの生きる道を拓くんだという気概がすごかった。横田さんも戦前生まれですが、同じようなことを言っていました。障害者運動のおかげで、いまはある程度路線ができて、なんとか生きていくことはできる時代になった。そうなったときに、かつての世代が持っていた、生きるための気概が薄まってしまうのではないかと、お二人は大変危惧されていました。自分たちで自分たちの道を拓くエネルギーを失くしてはいけない、ということなのでしょう。

（※3）　横田弘（よこた　ひろし）
一九三三年、横浜市鶴見区生まれ。二〇一三年逝去。難産により脳性まひ児として出生。六〇年に脳性まひ者の組織「青い芝の会」に参加。七〇年に起きた、障害者殺しの母親に対する減刑嘆願運動反対の活動、バス乗車拒否に対する闘争など、多方面の障害者の人権活動に取り組む。著書は、『障害者殺しの思想』（二〇一五年、現代書館から復刊）、詩集『海の鳴る日』（一九八五年）など。

（※4）　小倉昌男賞
「ヤマト福祉財団　小倉昌男賞」。公益財団法人ヤマト福祉財団の創設者の名前に因んで、二〇〇〇年にはじまる。障害者の仕事づくりや雇用の創出・拡大、労働条件の改善などを積極的に推し進め、障害者に働く喜びと生きがいをもたらすことに貢献した人を表彰する。

憲法も障害者は守ってくれない

――荒井さんの著書『差別されてる自覚はあるか』(※5)は、衝撃でした。「公害に原因のある病気であれば、加害企業や、その監督責任を負う地方自治体・国といった〈目に見える敵〉が存在する。そのような場合、虐げられた人は憲法を盾にして、堂々と闘えばよい。でも、脳性マヒ者には〈目に見える敵がいない〉。そんな「青い芝の会」の運動は、日本国憲法を拠り所にすることができない。もし、拠り所にできるとしたら、第十四条の「法の下の平等」(※6)くらいだ。でも、そこにも「障害者」という言葉はない。国からすれば、障害者、特に脳性マヒ者が生きていること自体がおかしいということだ」(二二七ページ)。

荒井 横田さんから、この日本国憲法論を伺ったときは、さすがにびっくりしました。日を改めて同じ質問をしたら、まったく同じ答えが返ってきたので、「憲法も障害者のことを守っていない」というのは、本気の怒りだったんです。横田さんたちに言わせると、戦後の民主主義は障害者を守らなかった。自分たちを大規模な施設に押し込んできた。優生保護法(※7)という法律を認めてきた。一九七〇年代にオイルショックがあってみんなが買い占めに走ったときも、誰か一言でも「障害者のために物資をとっておいてあげようよ」と言ってくれただろうか。ちょっと社会が危なくなれば、誰も自分たちを守ってくれない。それが、戦前戦後の動乱期を経験した春兆さんや横田さんたちの実感だったのでしょう。

――障害者には、戦後の民主主義はなかった。

荒井 もちろん、戦前は戦前で大変でした。戦時中、春兆さんが卒業した東京市立光明学校（現・東京都立光明学園）の障害児たちは、労働力にも兵力にもなれないので「学童疎開」の対象にならず、自主疎開（※8）になりました。校長先生が自分で疎開先を探し、東京にこの子たちがいたら戦闘のじゃまになるという理由で軍部に汽車を出してもらったそうです。ようやく見つけた疎開先でも、「もし何かあれば……」ということで、軍から青酸カリが渡されたという話を春兆さんから聞きました。確証はありませんが、そういうことがあってもまったく不思議ではない時代の空気だったといいます。

（※5）『差別されてる自覚はあるか――横田弘と青い芝の会「行動綱領」』
二〇一七年、現代書館刊。一九七〇―八〇年代の障害者運動を牽引し、青い芝の会の理論的支柱でもあった横田弘から、著者がその思いを託されて一冊の本になった。横田の思想を通して、今日的な意義を探究する。

（※6）第十四条「法の下の平等」
日本国憲法第十四条「すべて国民は、法の下に平等であって、人種、信条、性別、社会的身分又は門地により、政治的、経済的又は社会的関係において、差別されない」。確かに、「障害のある人も差別されない」とは書いていていない。

（※7）優生保護法
優生学的断種手術、中絶、避妊を合法化した法律。一九四八年から一九九六年まで続いた。

こうした経験を持つ人たちが、戦後の障害者運動を牽引していくのですが、そこには自分たちを排除した社会に対するルサンチマン(※9)があったはずです。それは並々ならぬものがあったと思うんですよね。

「君自身は、どう思うの?」

──排除したのは、社会ですか、親ですか。

荒井　青い芝の会的な捉え方をすると、国家とか社会の差別意識というのは、もっとも身近な存在を通じて表れる、ということになると思います。だから青い芝の人たちは「親は敵だ」と言ったのです。

──その青い芝の会を代表する思想家は、横田さんですね。二〇世紀を代表する思想家の一人(※10)だと、荒井さんは本にも書かれています。

荒井　障害者はいない方がいいという価値観自体が差別なのだと、はじめて指摘したのが横田さんたちだった。それ以前は、障害者はいない方がいいし、障害は重いより軽い方がいいし、障害者は健常者を目標として、近づくために努力するのが美しいとされていた。そういった価値観自体が障害者差別なのだと、はじめて訴えたわけです。

──すなわち、障害者観、社会観を変えた。

荒井　そうです。人の価値観を問うときの横田さんは鋭かったですね。話をしていても、ときどき苦しかったです。「荒井くん、なんで障害者は差別されると思う?」なんて聞かれるわけですよ。そのときに「この社会が……」とか「いまの経済状態だと……」と言うと、「いや、社会とか経済の話をしてるんじゃなくて、君自身はどう思ってるんだ」って。君はどうなの、って突きつけられるんです。

——横田さんたちは、健全者[※11](「健常者」とは言わない)がつくった法律には頼らない。自分の思いで、自分の価値観に迫る。

荒井　相模原障害者施設殺傷事件[※12]について考えるたびに、春兆さんや横田さんの顔が思い浮

(※8)　疎開
　元は軍事作戦用語。敵の攻撃目標にならないように、間隔を空けて軍隊を移動・前進させること。のちに、空、火災などによる損害を少なくするため、都市部の住民、工場を田舎へと避難(移動)させることにも使われるようになった。また、子どもが疎開することは、将来の兵力・労働力を温存することを目的とした。あくまでも、戦闘戦略だった。ただし、障害者はこの戦略の適用外だった。

(※9)　ルサンチマン
　フランス語(ressentirrient)。主に弱者が強者に対して、「憤り・怨恨・憎悪・非難」の感情を持つこと。デンマークの思想家キェルケゴールが想定した哲学的概念にはじまる。

(※10)　二〇世紀を代表する思想家の一人
　『車椅子の横に立つ人——障害から見つめる「生きにくさ」』(青土社)の一四一ページに、「私見では、横田弘は二〇世紀最大の思想家の一人だ」とある。

かびます。あの人たちなら、なんて言ったんだろうって。でも、この事件に関しては、自分の頭で考えて、安易に答えを出さないで、引きずり続けないといけないんだろうなって、そう思っています。

事件後、いちばんショックだったのは、彼（植松死刑囚）の考え方を支持したり、わからなくもないよねと肯定する言葉がSNSに流れたことです。この事件に対しては、国会で非難決議が出るものだと信じて疑いませんでした。彼が衆院議長に届けた手紙（犯行予告）には、総理大臣にも（自分の障害者殺害計画を支持・支援するように）訴えていたわけですから。わたしたちの社会は、この凶行を絶対に許容しないことを明確に発信するべきでした。それがなかったこともショックでした。

「変な人間がやった変なこと」で終わりにされてしまいそうで、すごく不気味です。きちんと総括しないことのツケが、一〇年後とか二〇年後とかに変な形でまた吹き出すんじゃないか。将来、人権感覚のメルトダウンを引き起こす時限爆弾のようなものが埋め込まれてしまった怖さがあるんです。

――植松被告を、早々と死刑因にすることによって、植松死刑因の主張、「この世の中には、生きている意味のない人がいる。そんな人は殺すべきだ」という考えを認めることになった。そのことこそ、真摯に論議してほしかった。きっと死刑制度の是非にもつながったでしょう。

荒井　事件の直後、横田さんとともに運動されていた方に話を聞きました。その方は、あの事件の前から、いつか障害者が無差別殺人の被害にあうんじゃないかという危機感があったと言うんです。生活保護バッシングや、車いすで公共交通機関を使うことへの風当たりが強くなっていて、そういう不寛容な空気を怖れていました。もしかしたら、障害者を狙った通り魔的な事件が起きるかもしれないと考えていたら、あのような最悪のかたちになってしまったとおっしゃっていました。あの事件の後、ほんとうに町を歩けなくなってしまった障害者もいます。障害者に対する風当たりの強さとか、社会の不寛容さのステージが、一段階変わってしまったような怖さを感じています。

（※11）健全者
青い芝の会では、「健常者」を「健全者」と呼ぶ。その意味するところを、青い芝の会の介助者として活動をした九龍ジョーは、「障害者」に対抗して、マイノリティの側からレッテルを貼り返すための言葉」と定義（『障害者差別を問いなおす』九二ページ）。

（※12）相模原障害者施設殺傷事件
二〇一六年七月二六日未明に、神奈川県立の知的障害者福祉施設「津久井やまゆり園」で起きた大量殺傷事件。元施設職員の植松聖が施設に侵入して入所者一九人を殺害、入所者・職員計二六人に重軽傷を負わせた。二〇二〇年三月に、横浜地方裁判所で死刑判決が確定。NHKが二〇一九年に実施した調査では、事件のことを「あまり覚えてない」「まったく覚えていない」と答えた人は、合計二二%。記憶はすでに薄れつつある。

「隔離」という言葉の暴力

――荒井さんも風を感じますか。

荒井　感じます。特に最近、テレビなどを見ていても、言葉がずいぶん荒っぽくなっていて、そういう点でも感じます。

たとえば、新型コロナウイルスに関する報道の中で、「陽性者をいかに隔離するか」という文脈で「隔離」という言葉がずいぶん軽く使われている。ハンセン病や精神科医療の歴史を見ると、日本の医療は「隔離」については深く反省すべき問題を抱えています。福祉の領域でも、大規模入居施設の問題で「隔離」が問われてきました。公衆衛生上、「隔離」がどうしても必要な場合もありますが、私権の制限が伴いますし、人権侵害の恐れもあります。「感染症法」には異例の前文が付いていて、そこには「ハンセン病」と「後天性免疫不全症候群」への差別・偏見の問題を「教訓として今後に生かす」と明記されています。だから「隔離」も、本来なら腹に力を入れないでは出せない言葉のはずなんです。

――「隔離」という言葉を気軽に口にするのは、無知のせいですか。もっと奥にある思いですか。

荒井　無知では済まない根深いものを感じます。かつてハンセン病の隔離政策や精神科医療の中で、一生涯にわたるような長期の入院を強いた歴史があったのだから、「隔離」は慎重であるべきだという話をすると、いや、いまそれは大した問題じゃないからと、批判されます。それは昔のことで、ごく一部の人たちのこと。いまは非常時なので、過去のことや一部のことを騒ぎたてるべきじゃないと、わきに寄せられてしまうんですね。

「それは大した問題じゃない」。英語では「It's not matter」でしょうか。こうした態度へのアンチテーゼが、いま世界規模で広がっている「Black Lives Matter」だと思います。「Black Lives Matter」運動が、このコロナ禍をきっかけに出てきたというのは、ある種の必然性があるはずです。日本には「Black Lives Matter」が波及していないって言う人もいるんですけど、各地でデモ活動は行われていて、共感を示す人もいます。特定の人たちの人権が軽んじられることを「大した問題じゃない」と言ってしまうような感覚への怒りが、このムーブメントの底にあると思うんです。

――『障害者差別を問いなおす』で「「マジョリティー」は、自分自身の価値観や考え方といった「個人的な見解」を「大きな主語」に溶かし込むことができてしまいます。そうすることで、あたかも「一般的な見解」であるかのように語ることができる」（九四ページ）と言われている。一言で言えば、「普通はね」という発想をベースにした対応でしょうか。

荒井　そうです。非常時って「大きい主語」が増える。国や社会を守るために、個の重みといったものが切り捨てられていくと思うんです。

個を切り捨てたり、諦めたりする発想は、トリアージ（※13）につながっていく。半世紀近く前に、青い芝の会が「障害者を殺すな」と言い、「命を選別するな」と立ち上がった危機感を、ぼくらは半世紀の時間を経て、我がこととして受け止めるときが来たように思います。
コロナの第一波のとき、医療崩壊が起きるんじゃないかと言われ、海外では真剣にトリアージの議論がなされていました。人工呼吸器を誰につけるのか、という話で、アメリカの一部の州では知的障害やダウン症の人には装着しない可能性がある、というガイドラインまで出されました（後に撤回）。日本では障害学会が、コロナ禍においても治療面で障害者差別が起きてはならない、という声明を出しています。

命の価値は「国に役立つ人」？

――「あえては殺さないが」「いざとなれば選別する」。それは、障害者だけの問題ではない。

荒井　はい。このコロナ禍で、わたしたちは大変な恐怖を感じていますよね。医療資源が枯渇して、医療者たちが疲弊して、医療へのアクセスが制限されてしまうかもしれない。症状があっても検査をしてくれないかもしれないし、救急車を呼んでも病院に受け入れてもらえないかもしれない。そういった「助けてもらえない恐怖」を経験している。でも、障害者たちは、昔からそうした恐怖とともに生きることを強いられてきたのです。
横田さんたちは、命の選別に反対しました。つまり、働けるか働けないかとか、体が動くか動かないかということで命の選別をするな、とずっと訴えてきたわけです。これは現代への警鐘でした。命の選別の議論は、これからものすごく膨らんでいくと思います。ＳＮＳで命の選別に関する発言を堂々としている政治家もいます。そして、その選別基準に、いろんな価値観が入り込んでくる不安を感じています。

――どんな価値観ですか。

荒井　たとえば「ジェンダー規範」(※14)です。女性なら、結婚して子どもを生み育てることが「望ましい人生」と見られます。男性なら、正社員になって家族を養うことが「良い人生」とされる。そうした価値観は、いまも根強くあると思うんです。「望ましい人生を送っている人を優先した方がいい」といった価値観が、ぎりぎりの命の選別の現場に持ち込まれるかもしれない。

横田さんたちは、働けるか働けないかで命を選別するなと主張して闘ったのですが、それから五〇年経ったいま、社会を構成する価値観はより複雑になっています。トリアージを現

（※13）　トリアージ
治療の優先度を決め、人の生死に関わる選別をすることを、トリアージと言うことが多い（言葉の意味とすれば医療以外にも使用）。語源は、フランス語のトリアージュ（triage）説が有力。

（※14）　ジェンダー規範
ジェンダーとは、社会的につくられる性差について指す。ジェンダーに基づいた生き方や働き方が規定され、「男性らしさ」や「女性らしさ」の規範として作用する。ジェンダー規範は人生の中で内面化され、ジェンダーの社会化およびステレオタイプ化のライフサイクルを定着させる。

実のテーマとする足音が聞こえはじめているような気がしますね。

――命の究極の選別基準は、「お国のためになるか」でしょう。いまこそ、横田さんに続け、ですね。

荒井　ちょっと厳めしい表現ですが、差別と闘うのって「総力戦」だと思うんです。前面に出て声を張り上げる人が必要です。傷ついた人に寄り添う人も必要です。何が起こったのかを記録し続ける人も必要で、起こっている差別に加担しないでいてくれる人も必要です。みんなの力が必要なんですよね。そこにある種、論功行賞のように、誰が偉くて、誰が主役で、誰が脇役でっていうのを持ち込むと、ややこしいことになる。本当に何が欠けてもうまくいかなくなる。春兆さんとは、よく、裾野を広げることが大事だとか、社会を耕すことが必要なんだとか、隣町に届く声で叫ばねば、といった話で盛り上がりました。だから、わたしも本を書くときに、編集者の人に「隣町の人に届くような本にしたい」って伝えるんです。「隣町にいる人たち」、つまり社会の在り方には関心があるけれど、障害者のことはなんだか遠い存在だと感じてしまっている人たちに届くような声で訴えることが必要なんだと思うんです。

――この〈ぶっちゃけ〉の思いも、まさに「隣町の人に伝える」ことです。もう一度、この視点からインタビューをやり直したくなりました。

〈話を聞き終えて〉

あれもこれも、聞きたい。でも、ストーリーとしてつなげていなかったので、多くのことを聞き逃してしまった。たとえば、青い芝の会は「行動綱領」で「われらは問題解決の路を選ばない」と宣言した。川崎バス闘争では、「ラッシュ時などいかなる場合でも乗せるべきだ」と主張した。荒井さんは「彼らの運動には「人間の定義」を組み替えようとする大きなテーマが潜在していた」と評価した。右隣の人にも、左隣の人にも聞いてほしい話があったのに。荒井さん、ぜひ、もう一度チャンスをください。

3
「わかる」とは何か

「用無し」の不安に
おびえる者たちよ

熊谷晋一郎

熊谷晋一郎（くまがや しんいちろう）
1977年、山口県生まれ、小児科医。新生児仮死の後遺症で脳性まひに、以後車いす生活となる、東京大学医学部卒業後、病院勤務等を経て、現在は東京大学先端科学技術研究センター准教授。小児科という「発達」を扱う現場で思考しつつ、さまざまな当事者と共同研究をおこなう。「官能」をキーワードに障害や身体について考察した『リハビリの夜』（医学書院）が、2010年新潮ドキュメント賞を受賞。そのほかの著書・共著書に『発達障害当事者研究』（医学書院）、『つながりの作法』（NHK出版）、『当事者研究』（岩波書店）など。

相模原障害者殺傷事件を受けて、積極的に発言されている熊谷晋一郎さんとは、やはりこの事件のことを中心にお話を聞くことになった。

「人里離れた大規模施設」「匿名の死者」「犯行現場でいまも生きる障害者と職員」。事件の異常さは社会の障害者観を示す。

被害者も加害者も、そして傍観者すらも、同じ苦しみの中にいることが、熊谷さんとの話で見えてきた。

「愛と正義を否定する」思想を、共有したはずなのに

——相模原障害者殺傷事件(※1)が起きてしまって、熊谷さんは積極的に発言されています。やはり、このことから話をはじめたいのですが、ニュースで知ったとき何を思われましたか。

熊谷　事件の当日はテレビや新聞も見てなくて、知ったのは一日経ってからです。本当に、何重にも恐ろしい、衝撃的な事件が起きてしまったと思いました。一挙にたくさんの仲間が殺された。それに、容疑者の犯行の動機が、「愛情と正義」による殺戮。誤っているけれど

(※1)　相模原障害者殺傷事件
二〇一六年七月二六日に神奈川県相模原市にある障害者施設「津久井やまゆり園」で起こった殺傷事件。入所していた障害者一九人が死亡、施設職員を含む二七人が重軽傷を負った。

も、極めて論理的な正義感に基づいたことだった。これもまた、半世紀前の焼き直しですね。

——それは、「青い芝の会」(※2)が抗議したことですね。

熊谷　そうです。障害を持った子のお母さんが愛情ゆえに殺すという事件が立て続けに起きた。「この子は生きていても仕方ない」、「わたしが責任を持って心中する」など、悲観して泣く泣く手にかける。一九六〇年代頃までのことです。それで「青い芝の会」が立ち上がった。お母さんに対して世の中が、減刑嘆願の活動をするなど同情的に振る舞ったけれど、殺された障害児には誰一人共感を寄せなかったことを問題視したんです。

　国は、親御さんを少しでも楽にしてあげるために、大規模な施設を山の中につくることになった。その流れにNOを突きつけたのが『母よ！殺すな』という本を書いた横塚さん(※3)や横田さん(※4)など、「青い芝の会」の方たちです。障害者は常に悪意によって殺されるんじゃなく、善意によって、正義や愛情によっても殺されうる。だからそれを蹴っ飛ばさなきゃいけない、と世の中に訴えた。それが「愛と正義を否定する」っていう有名なスローガンになりました。

——まさに、その一九六〇年頃にできた施設で事件は起きました。

熊谷　「親御さんも苦しんでいるんだから、障害者が幸せかどうかは障害を持った本人ではなく、他人が決めていい」ということで犯行が行われた。みんなを救うための殺人——この論理に半世紀前に時間がタイムスリップするような思いがしました。もう一つの衝撃は犯人が施設の介助者だったっていうことです。どうしても、障害者と介助者っていうのは抜き差しならない関係なんです。

——熊谷さんが著書『リハビリの夜』(※5)に書かれた、支援するものと支援されるものの、逃げられない関係ですね。

熊谷 障害者のわたしは介助者がいないことには、トイレも行けない、風呂にも入れない、着替えられない。つまり生きられない。だから、わたしたちにとって、介助者とは降りられない人間関係。介助者の側は降りられる関係。別の仕事をすればいい。まずそこに一つ目の

(※2) 青い芝の会
脳性まひ者による、問題提起などを目的として組織された障害者団体。一九五七年発足。

(※3) 横塚晃一(よこづか こういち)
「青い芝の会」が全国化してからの初代会長。自立生活運動、障害者運動を牽引した。口述筆記によって書きとめられた発言をまとめた著書に『母よ!殺すな』(二〇〇七年、生活書院刊)がある。

(※4) 横田弘(よこた ひろし)
「青い芝の会」全国化二代目会長。「青い芝」神奈川県連合会の一員として、バス乗車拒否に対する闘争、優生保護法改定反対運動、養護学校義務化阻止闘争など、障害者の生存権確立運動を展開した。

(※5) 『リハビリの夜』
二〇〇九年、医学書院刊。現役の小児科医にして脳性まひ当事者である著者は、あるとき、「健常な動き」を目指すリハビリを諦めた。そして、他者やモノとの身体接触をたよりに「官能的」にみずからの運動を立ち上げてきた。リハビリキャンプでの過酷で耽美な体験など、全身全霊で語る書。

非対称性、対等じゃない関係が逃れ難くある。もう一つは腕っぷしの強さの問題ですよね。介助者が本気で暴力を振るったら、わたしたちはひとたまりもない。この非対称性です。だから、降りられる／降りられないっていう不公平さと腕っぷしの強さという不公平さ、これが介助者との間に常につきまとっている。いかに暴力から逃れるか、暴力的な関係にならないかっていうので、半世紀以上、知恵を蓄えてきたんですよ、障害者は。

依存先を増やすことが、自立すること

——絶対的権力者と向き合う知恵。

熊谷　その中で編み出された方法っていうのがいくつかあって、一つはちゃんと面接して、障害者運動を知ってんのか、とか問題を出して思想チェックをすること（笑）。もう一つは、数で勝負するということですね。つまり施設の中では介助者一人で障害者を一〇人とか見るわけですよね。でもこの数の関係を逆転させないと、暴力は防げない。つまり、わたし一人に対して介助者が一〇〇人いる。そうしたら、一人に暴力を振るわれたらその介助者との関係を切ればいいんですね。残り九九人いますので。これは依存先の分散といって、頼れる先を散らすという戦略です。

——熊谷さんが日頃から言っておられる、「生きるとは、依存すること」。自立とは、自分でなんでもできることじゃなく、「依存先をたくさん持つこと」ですね。

熊谷　そうです。施設と地域との暮らしで、一つの大きな違いっていうのは、介助者対障害者の人数比なんですね。地域での暮らしでも、もし一人の介助者が何人もの障害者の暮らしを支えていたら、すぐ暴力の関係に陥ると思います。

――一つの権力にすがるということが、暴力の発生を許す。

熊谷　人は生ものですから、定期的に不機嫌になるんです。だから、暴力っていうのはゼロにはできない。でも、暴力を振るわれたときに、すぐにチェンジできれば常態化が防げる。ほかに頼れる先がないと我慢するしかなくなりますので、それが怖いんです。介助者を分散しておくことが大切です。

――依存先の分散は、障害者だけではない、この世を生きる鉄則です。

熊谷　どんな道具でもどんな人間関係でも健常者向けにデザインされていますので、依存先が健常者には多いんですよ。でも、ほうっておくと、障害者は依存先が少なくなりがちです。だから、意識して是正しないと、すぐさま暴力の被害者になってしまう。特に二〇〇〇年以降ですかね、介助者との関係が変わってきました。ほかでもよかった仕事の一つとして介助をする人が増えてきたんです。

――介助者の動機にお金が入り込むようになった。

熊谷　二〇世紀までの介助はどっちかというと、思想的な理念に基づいて、障害者を支えたいと思っている人か、そこに生きがいを感じてる人が介助をやっていた。結構人間臭い関係で、面倒臭くはあるんですけど、ある意味では相手の顔が割れていて、腹の底がわかってる感じだったんですよね。

——そのときだったら、先ほどの思想テストも意味がありますよね。

熊谷　そうなんです。自然に議論になるし、相手の想いも伝わる。ただ、人もあんまり集まらなくて、慢性的な人手不足だった。その意味では不便だったんですけど、介助者の腹の底はわかりました。意見が違っても、腹の底さえわかっていれば信頼できる。お金がもらえるようになって、依存先が広がった一方で、腹の底はわからなくなっていくんです。依存先が数多く存在していても、信頼がなければいないことと同じになる。

介助者は何を考えてわたしの背中を洗ってくれているんだろう、急に熱湯を掛けないかなとか、そういう腹の底がわからない感じというのを、自立生活の中で共有しはじめている矢先に起きた事件でした。

障害のあるわたしにとって、いまの社会や他人が信じられなくなるような衝撃、それが最初の印象でしょうかね。

依存症とは、信頼して人に依存できない病気

——なるほど。いままで築いてきた価値観とか信頼をみんなぶち壊される不安ですね。

熊谷　地方の施設の中で、まだ自立生活の恩恵に十分あずかっていない仲間がたくさんいた。

解放された仲間だけじゃなく、いまだ解放されてない仲間も一〇万人以上もいるという事実を再び顕在化させた。一九六〇年代の葛藤は過去のものではない、と突きつけられましたね。

――こういう凶悪犯になると、常に加害者も精神障害の疑いを持たれる。被害者も加害者も障害者となると問題がふくらんでいく。

熊谷　事件の三日目ぐらいですかね、ずっと当事者研究(※6)でごいっしょしていた、ダルク女性ハウスの上岡さん(※7)からショートメールが入って、「友達辞めないでね」って。依存先の分散っていうのは上岡さんから教えてもらったんですよ。依存症っていうのは依存しすぎる病気じゃなくて、小さいころから虐待や暴力の被害者であることが多くて、むしろ人を怖いと思ってる人が多いんだ、と。だから、言い換えれば、人間というものに依存できない病気だ

（※6）当事者研究
当事者が「苦労の主人公」として、仲間とともに自らの生きづらさについて「研究」をすることで、「自分を助けていく」取り組みのこと。精神障害者からはじまったが、いまではさまざまな障害、生きづらさを抱える当事者に広がっている。

（※7）上岡陽江（かみおか　はるえ）
ダルク女性ハウス代表。精神保健福祉士。自身の薬物・アルコール依存や摂食障害の体験から、女性の薬物依存症回復施設を立ち上げる。当事者研究をもとに、依存症の女性の回復、依存症の親を持つ子どものプログラムづくりにも力を注いでいる。

と。

――人の代わりに、依存できるものを見つける。

熊谷　消去法的にマリファナとかコカインに依存するんであって、依存先はむしろ少ないんだと教えてもらったんですよね。それがわたしには目から鱗でした。それなら身体障害者とまったく同じで、依存先が少ないからこそ、限られた依存先にどっぷりはまっちゃう。それに支配されちゃう。そういう構造は、理由こそ違えど、身体障害者と依存症者とで類似していることを、上岡さんを通して教わっていたので、ものすごく仲間意識があったんですけど、そんな上岡さんから「友達辞めないでね」ってきたのが、二つ目の衝撃でしたね。

今回、依存症や精神障害と、犯罪の加害性とが結びつけられかねない状況だった。それは避けなければいけない。そういう論理は徹底して抵抗しないといけないと宣言するためにも、追悼集会(※8)をやりました。

――障害者を分断させない。

熊谷　衝撃的な事件が起きると、精神障害と犯罪が結びつけられる。ほとんどの精神障害と犯罪のリスクは関係ないことがもう証明されているのに。

むしろ、人の命や財産をないがしろにしてしまうモラルっていうものが犯罪に関係しているというエビデンス（科学的根拠）がある。犯罪学でビッグエイト(※9)っていう概念がありますけど、八つのリスクファクターのうちの四つがモラルと関係があり、残りのうちの三つが社会的排除に関わるもので、貧困とか差別ですね。

――八つのうちの半分がモラルに関わるんですか。

熊谷　そうです。障害ではなくモラルです。そしてこうしたモラルは、他者や社会に排除される経験の中で形成されやすい。最後の一つが薬物依存なんですけど、だからといって、薬物依存は厳罰にしようという安易な流れは百害あって一利なしです。国際的には、薬物を使用しただけの人を無罪にしましょうという動きがある。厳罰にすることで、なけなしの依存先を奪うだけになり、さらに薬物がエスカレートしうるという証拠もある。むしろ、薬物以外の信頼できる依存先を増やすことを先行させるべきです。当事者研究や自立生活運動や薬物依存研究など、ここ半世紀の蓄積を無視して次の政策が決められたら危ない。

ビッグエイトというエビデンスが教えてくれるのは、被害だけでなく加害もまた、社会的な排除や依存先の少なさによって生じやすくなるのだ、ということです。

（※8）　追悼集会
　熊谷さんが呼びかけ人の一人となって、二〇一六年八月六日行われた「津久井やまゆり園」で亡くなった方たちをの追悼する集会」のこと。約三〇〇人が集まった。

（※9）　ビッグエイト
　心理学者のドナルド・A・アンドリューズとジェームズ・ボンタが提唱した、リスク・ニード・応答性モデルの中で、犯罪と関連していると報告された八つのリスク。

東大生も「用無し」の不安におびえている

――容疑者は、障害者は生きる価値がないなど、施設で公言した後、措置入院[※10]になった。どんどん依存先をなくしていき、ついに、彼が否定する「障害者」の仲間に入れられ、社会から排除されたのではないかという不安をもった。容疑者は、自分を救い出すために、障害者の中に線を引き、「呼びかけて反応のない障害者」をターゲットにしたようにも思えるのですが。

熊谷 今回の容疑者に最後の背中を押したのが、一つは措置入院だったんじゃないかという意見があります。あなたも障害者であると、公の権力によって本人に示してしまった。「用無し」にされかねない不安に直面してしまった。

彼は、刺青をしたり整形までして、理想の人間像を掲げてそれに近づけないことが許せないタイプの人物に映ります。ここは推測にすぎませんが、有能な理想的な存在にならなければ、自分ははじかれてしまうんじゃないか、不要な存在になってしまうというナルシスティックな不安が、おそらく加害者性の種になっているのではないか。そう考えると、実は障害者が直面している問題と同じものを、加害者も共有していたのかもしれません。「用無し」の不安というものを。

べてる流[※11]に言えば、弱さの情報公開ができればよかったんだけど、不安に蓋をして、強がった先には、暴力が待ち受けている。これは珍しいことではありません。

――熊谷さんの著書『つながりの作法』(※12)に、障害者は、健常者に近づけという「健常者幻想」と「厳しい社会幻想」を強制されている、と書かれていました。健常者も、同じような「健常者幻想」や「安定生活幻想」にしばられているように思いました。みんないっしょなんだと。

熊谷　本当に、みんな追いつめられてますよ。一部の東大生と話していても追いつめられてる様子がすごく伝わってきますよね。

――東大生が？　どう追いつめられてるんですか。

熊谷　たとえば、就職活動をしていて、うまくいかないときに、自分のことをコミュニケーション障害や発達障害じゃないかと悩む。障害者運動や学生運動が元気だった時代のように、

(※10)　措置入院
　精神保健法第九条に定められている入院形態。都道府県知事が医師に診察を命じ、診察の結果、精神障害者であり、医療および保護のため入院させなければ、自傷他害のおそれがあることを、二人以上の指定医が診察の結果一致したとき強制的に入院させることができるとしたもの。

(※11)　べてる
　正式には、「浦河べてるの家」。一九八四年に北海道浦河町に設立された、精神障害者の地域活動拠点。

(※12)　『つながりの作法――同じでもなく違うでもなく』
　二〇一〇年、NHK出版刊。「つながらないさみしさ」「つながりすぎる苦しみ」――自閉症と脳性まひというそれぞれの障害によって外界との「つながりに困難を抱えて生きてきた二人の障害当事者が、人と人とが互いの違いを認めた上でなお、つながりうるか」という、現代社会の最も根源的課題に挑む書。

社会の側が抱える問題を問い返す代わりに、自分が「用無し」扱いされる不安が増してきているという感触はありますね。

——東大生にもそんな不安を感じられたら、困ったな。

熊谷　たぶん、誰も安穏としてられない世の中が来ている。その不安を暴力で発散する相手として、より自分よりも弱い立場におかれた人を排除する。少なくなった椅子取りゲームの椅子に座ろうとする。自分の椅子に座ろうとするよそ者を排除したり、障害者を用無しだと切り捨てることで、相対的に自分の有用性を示そうとする。そういう土壌が育ってきてるような気がしますよね、世界中で。

健常者よりも、障害者が多数の社会が来る

——それじゃ、世の中の多様性は効率的競争に吹き飛ばされますね。

熊谷　多様性が排除される面と同時に、別の軸で、多様性を煽られる面もありますね。自分なんかは個性のない、よくいる人間なんじゃないかという不安。規格化された人間なら、機械の方が安いんだ、多様になれと。そういう文脈で多様性という文言が使われかねない。だからこそ、障害者への嫉妬みたいなものとかも健常者から出てきますよね。つまり、凡庸コンプレックスというか、自分がとりたてて取り替えのきかない存在じゃない気がする。つまり、奇抜じゃないということに苦しんでいる若者は多くて、受験戦争に勝ち抜いてきた人も

含めて、規格化された人間が用無しのラベルを貼られつつある。奇妙に多様性を奨励する社会の中で、相対的に可視化された障害者への嫉妬が芽生えるという転倒した現象も起きている気がします。

――大学受験までの「正解のある世界」には強かった。しかし、世の中に出れば正解はないのに、決断をしなければいけない。まったく違う世界になる。優秀だった人ほど戸惑うでしょうか。

熊谷　そうですね。梯子を外される思いでしょうね。いままで規格化されたゲームの中で、時間もエネルギーもまじめに注いできた。そういう人々が苦しんでいるときに、やっぱりダイバーシティっていう言葉もなんとなくうすら寒いような、煽られる文句のような響きがします。

椅子取りゲームの椅子がどんどん少なくなって、規格化されていない変わった人しか健常者になれないという逆説。普通の人が障害者になる。なぜなら普通のことはどんどん機械がやってくれるようになるので。椅子を失った普通の人は、失った理由がほしくて自分の中に障害を見出したくなります。椅子に残れたわずかな人も、変わった人ですから周囲からは病理化される。椅子から外された人も、残った人も、障害者になる世界。

『〈正常〉を救え』[※13]っていう本によると、精神障害の範囲もどんどん広がって普通の領域を侵食している。普通に生きることが苦痛を伴う時代になり、病理化へのニーズが高まっているということがうかがわれます。下手をするとビル・ゲイツのような人じゃないと、健常者に認定されない世の中になって、残りはみんな「用無し」になり、自ら進んで障害者になろうとするかもしれません。

子どもは社会が守る

――容疑者は、障害者は生きているのが、かわいそうだ、と言って殺害したのですが、その「かわいそう」の根本は、「親に捨てられた」という思いがあるんじゃないか。わたしには、そこが大きな違和感でした。人は親が育てるのか。いや、社会が育てるものだ、親は社会から一時期委託されているだけだ、とわたしは思っています。なら、社会での暮らし方を改善していくべきなんだ。親を追い詰めていくのが、最大の過ちだと思うのですが。

熊谷　そうですね。親も依存先が少なくて、特に障害児の親は頼れる先が少ない。

実は、『ハートネットTV』(※14)っていう番組に出たときのことですが、遺族の方に取材したコメントがVTRで流れました。「自分が本来育てるはずなのに、あんな施設に預けちゃったから、自分が責任をまっとうしなかったからこんなことになってしまった。本当に悔しくて、他人様に殺されるぐらいなら、自分が殺せばよかった」と。そのご遺族の一人が発言されました。わたし、それが二重にショックで。結局障害者は殺されるのかっていうのと……。もう一つは、親がそこまで苦しむ背景です。

一般的な子育ては子どもをある段階で捨てるんですよね。動物はそうです。子どもをちゃんと捨てるんです。だから、愛情の中には捨てるということも込みなんです。子どもをある段階で捨てて、親以外の依存先に放つということなんです。親にしか依存できなくて、親に支配されていたけど、親の方が当然先に死にますから、親への依存度を減らして、別のものに依存できるように整えていく。そこまでが愛情なんです。しかし、障害児を育てる親は、その移行がうまくいかない。なぜなら、預けるべき社会の依存先が見つからないから。預けるとしても施設しかないっていう現状がまだまだあって、親が捨てるタイミングが取れない。障害児の場合には親が見捨てることができない。

（※13）『〈正常〉を救え――精神医学を混乱させるDSM－5への警告』
アラン・フランセス著、二〇一三年、講談社刊。世界の精神科医が診断・治療の基準にするマニュアルが二〇一三年に大改訂され、本来は薬の必要がない患者まで薬漬けになる危険性が生じた。今回の改訂はなぜ失敗で、最悪の事態を避けるためにはどうすればいいのか。アメリカ精神医学界を牽引してきた著者が、警告を発する。

（※14）『ハートネットTV』
二〇一二年四月二日に開始した、NHKテレで放送されている福祉情報番組。

（※15）久保厚子（くぼ　あつこ）
全国手をつなぐ育成会連合会の会長。「津久井やまゆり園での事件について（障害のあるみなさんへ）」というメッセージを事件の翌日に発表した。

だから、親はある段階で子を見捨てることが前提だっていう社会の共通了解をまず立てるべきであって、なんでうまく見捨てられないのかっていう問いを立てるべきなんです。

――ある会合で、久保厚子さん(※15)と偶然お会いしまして、事件のあった七月二六日の翌日に出された声明のことを話題にしたんです。あの呼びかけは、不安に怯える障害者を勇気づけました。しかし、「家族が守る」というメッセージの後、政府が、防犯のためのさすまた訓練や措置入院の是非を問うより、「家族よりも、国や政府が全身全霊で守る」と言ってほしかった、という話になりました。

熊谷　そうです。前提をはき違えちゃいけない。親が子を最後まで見るなんてどの動物もしていない。

――社会のセーフティネットをしっかりさせる、セーフティネットを利用することは恥ずかしいことじゃない。みんな一所懸命生きていても、ちょっと道を外れることもあるのだから。

熊谷　ほんと、「用無し」の不安から解消されるのはそれしかない。セーフティネットを活用して、どんな状態でも生きていていいという保障が大切です。

――生きてることが奇跡。生きていることだけで誇っていい。そんな世の中にならないと、東大生になっても「用無し」の不安に脅えるなんて悲惨すぎますね。

見えるから見えない世界
見えないから見える世界

伊藤亜紗

伊藤亜紗（いとう あさ）
1979年、東京都生まれ。専門は美学、現代アート。もともとは生物学者を目指していたが、大学３年次で文系に転向。2010年、東京大学大学院人文社会系研究科基礎文化研究専攻美学芸術専門分野博士課程を単位取得のうえ退学。同年、博士号を取得。主な著作に、『目の見えない人は世界をどう見ているのか』(光文社)、『目の見えないアスリートの身体論　なぜ視覚なしでプレイができるのか』（潮出版社)、『ヴァレリーの芸術哲学、あるいは身体の解剖』（水声社；講談社学術文庫)、『どもる体』（医学書院)、『記憶する体』（春秋社)、『手の倫理』（講談社選書メチエ）など。

世界を五感で認識するのに、一つでも機能しなければどうなるのか。しかも、視覚情報が八割以上を占めると言われるいまの社会。目が見えないことは、世界をなくすことに等しいのでは、と思ってしまう。しかし、目が見えなくても、世界は見えている。目の見える人と違う世界も広がっている。

昆虫の多様性の不思議

——ご専門は美学ですね。見えない人の世界とはどうつながるんですか。アール・ブリュット(※1)から興味が発展したのですか。

伊藤　そうではないです。そもそもわたしのような研究は、美学として正統派ではないと思います。

美学は、感覚、身体、芸術を言葉で研究する、哲学の仲間みたいな学問です。ところが、

(※1)　アール・ブリュット
　フランスの美術家ジャン・デュビュッフェが提唱したもの。美術の専門的な教育を受ける環境になかった精神疾患患者、知的障害者らが、伝統や流行などに左右されずに自身の内側から湧きあがる衝動のまま表現した芸術を「アール・ブリュット」(仏)、「加工されていない、生のままの芸術」と呼んでいる。

身体を扱う場合に、とても抽象化された人間の身体を前提に研究するんですね。そこに疑問がありました。それは、実態に即してないじゃないかと。

——人間の身体や美に基準はあるのか、ということですか。

伊藤　そうですね。美学の方法論をとりながら、美学がアプローチしてこなかった多様性にフィットしたような研究をしたいと思ったんです。自分と全然違う身体を持った人を対象に、その人がどんな感性を持って、どのように世界を認識しているのかを知りたいと思ったんです。

——多様性に着目されたのは、何かきっかけが。

伊藤　美学に進む前は、もともとは昆虫少女でした。昆虫を探して山の中を走り回っていました。生物好きから、生物学を志望して大学にも入ったぐらいです。昆虫を見ていると、自分と全然違う生活をしている。なんか自分と世界を共有しているとは思えなかったんですよ。だから、不思議で、知りたくて。生き物の多様性への興味が、元になったのかもしれませんね。

——昆虫が自分と世界を共有しているなんて、すごい発想ですね。

伊藤　子どもが、おとぎ話の世界の登場人物に感情移入するような、そんな感覚だったんだと思うんですけど。

——どんな生き物に感情移入を。

伊藤　いろいろあります。一つ挙げれば、ジグモが好きでした（笑）。根っこのところに袋状の巣をつくるんです、縦長のテントみたいな。クモっていろいろな巣を張る。水平に張る、垂直に張る、袋状のもあるし。巣を張らないクモもいて。つくり方が見当つかない巣もある。こんなところに入っていて、生活が成立するのか、どうやって食べ物を捕まえているんだろう。おもしろくて仕方なかったですね。

――でも、生物学から美学に転向された。

伊藤　大学に入ってみると、わたしの思っていた学問ではなかった。かなり生物が情報化されていて、すべてDNAに置き換えて考えるようになっていました。生物を捕まえるとそれをすりつぶす。そして、DNAを抽出して塩基配列を読むみたいな感じになっている。捕まえたらすぐすりつぶすっていうその感覚がもう許せない。ショックでした。細胞の仕組みやタンパク質の構造とかよりも、わたしが知りたいのは生物の体全体だったんです。

――モノではなく、命の不思議に行きたかった。

伊藤　単なる数字とかに還元できないような生命だったり、生物としての全体を考えたいのであれば専攻を変えた方がいい、と思って、三年次から美学に進学しました。

――美学でも美に基準があるのか、もっと多様なものではないか、との思いから、自分と違う人の研究に行きつかれた。著書『目の見えない人は世界をどう見ているのか(※2)』で、視覚障害を選ばれたのは、なぜですか。

伊藤　わたしは、視覚的な人間なんだろうなって思っていたので、視覚障害者なら違いがいちばんわかりやすいと思ったんです。

「そっちの世界」と「こっちの世界」

――そして、そっちの世界もおもしろいね、と言う木下路徳さん(※3)に出会われる。

伊藤　わたしが、目の見える世界のことを話していると、突然、全盲の木下さんが「なるほど、そっちの見える世界の話もおもしろいねェ」と言われたのです。その一言で、わたしの中で目の見えないことが障害ではなくなりました。

この研究室に目の見えない人に来ていただいてお話を聞くんですけど、いい話が聞けるのは、インタビューの前後が多いんです。食事のときや、行き帰りとか。大岡山駅から研究室までの道で、見える人は「坂道」って思うところを、木下さんは「山の斜面」と言われた。道という概念が弱いんです、見えない人は道があっても目では見えないから。山の斜面をスキーヤーのように降りているような感覚なんだと思います。それと同時に「大岡山」という地名があったので、「山」のイメージが強まったのだと思います。「山」という、見える人だと気づかないような三次元的な捉え方をしていると気づいて、驚きました。

わたしはこの坂道を歩いているけれど、見えない人は山の斜面を歩いている。同じところを歩いていても、全然違う経験をしているんですね。

――わたしたちは、頭の中のイメージを、見えているもので調整しながら歩いているわけですね。

伊藤　見えていると現実世界のフィードバックが速い。道を見てチェックしている。だから見えていると現実と頭の中の調整がきくんですけど、見えない世界ってものすごく乖離しやすい。だからこそ、頭の中の世界に、その人らしさが出るんです。

――ぼくらは、目を信じ込んでます。見えるものに拘束されているとも言えますが。

伊藤　目で見えるから騙されることも多い。たとえば、かき氷の味は色の影響が大きいですよね。ブルーハワイとか、いちごとかレモンとかに感じるのは味覚というより視覚で補って味わっている感じです。

（※2）『目の見えない人は世界をどう見ているのか』

二〇一五年、光文社新書。五感の中で視覚という感覚を取り除いてみると、身体は、そして世界の捉え方はどうなるのか。視覚障害者の空間認識、感覚の使い方、体の使い方、コミュニケーションの仕方、生きるための戦略としてのユーモアなどを分析した。視覚障害者との対話を通して、「見る」ことそのものを問い直す、新しい身体論。

（※3）木下路徳（きのした　みちのり）

一九七九年生まれ。「ダイアログ・イン・ザ・ダーク」のアテンド（案内役）や「視覚障害者とつくる美術鑑賞ワークショップ」のナビゲーターなどの活動を続けている。弱視で生まれて一六歳で失明。現在は全盲。

視覚がなければ過程を楽しめる

伊藤　一年前（二〇一六年）、六本木の森美術館で、視覚のない国をデザインしようっていうワークショップをやりました。先天的に全盲の人だけで社会をつくったらどうなるかって考えたんです。この世界を、見えない人が使えるように工夫するのではなくて、視覚そのものが存在しない世界をつくる。

——おもしろい。

伊藤　視覚がなければ、法律は、建築はどうなるのか。町の構造や、芸術や、食は？　そんなテーマで、目の見える人、見えない人がいっしょにグループを組みました。

その中で食について、いろいろなアイデアが出ました。シェフも参加していて、「いまはお客さまが料理をすぐ写真に撮ってネットにアップするので、コックもそれを意識してつくらなきゃいけなくなっている。あんまり複雑だとわからないから、肉がドンと焼いてあるけど、周りにちょっと変わったソースがかかっているみたいなのが、視覚的にいい料理になる」と話されました。でも、視覚がない国だったら写真も撮らない。視覚重視じゃないので、そもそも完成っていう概念があんまりないんじゃないか、と話が発展して、料理が完成して完璧に整えられているっていう感覚がない。むしろ料理する過程で、いろんな香りとかジュージュー音がしたり、おいしさをプロセスで味わうようになるんです。

――じゃあレストランでも過程に参加するってことですか、途中でつまむとか。

伊藤　鉄板焼きっぽい感じですかね、完成されたものを渡されるのではなくて。やっぱり完成とか決定的瞬間とか、ピークをつくるって視覚的な発想ですよね。決定的瞬間を取り出すのではなく、時間を共有するような味わい方になる。

――アートでいえば、インスタレーションですね。経過が作品であり、そこにどれだけ参加するかが、大切になる。

伊藤　そうですね。その過程で音を聞きながら、この焼き加減はこういう感じだっていうのを、もうそこで感じながら食べる。そんな意見が出てきて、われわれの世界が基本的なところから覆されるんですよ。

――目の見えない世界が急に豊かな世界に見えてきました。目が見えないと嗅覚も鋭くなるんでしょ。

伊藤　香りの世界を料理で突き詰めるのも、おもしろいテーマです。そのときも、シェフが話してくれたんですけど、料理でレモンを絞ったりしますよね。あれは、絞った汁を料理にかけることが目的じゃないんですって。料理は温かいから香りはすぐ飛んじゃうわけですよ。そうじゃなくて、絞った手に香りがつく。その手で食べるからその香りが口にいっしょに入るらしいんですよ。

――手で絞らなきゃいけない。よくフォークで絞ったりしますよね。

伊藤　そう、あれはダメなんですよ（笑）。だから、目が見えないから絞ってあげるよ、は必ずしもその人のためになっていないかもしれません。

口に入れたものを出してもいい

――じゃあマナーも変わらないと。

伊藤　ワークショップで出たのは、一回口に入れたものをまた出してよくなるんじゃないかって。見えない人って口に入れてはじめてわかることが多いわけです。見えていればこれはチョコだなって口に入れるけど、見えないと口に入れなきゃわからない。自分の食べたいものではなかったなんてよくある。だから視覚のない世界では口に一回入れたものを出していいってなるんじゃないかって。見えない人がそう言ってました。

目の見えない人といっしょに料理を食べるっていうワークショップをやったことがあります。パスタに真っ白いソースがかかっていると、ホワイトソースのパスタかなって、目が見える人は思っちゃう。でも、実際食べると違う。で、みんなわからなくて、最初は豆腐かなって、見えない人も豆腐という前提で食べていたんです。でも、ある人が香ばしい香りもするねって言いはじめて、そうするとみんなその香ばしさを探しながら食べるんですよ。すると、あっ、これは豆腐じゃなくて焼きなすのペーストじゃないかってなって。それからはみんな焼きなすとして食べはじめるんです。そうすると豆腐という前提で食べていたときとちょっと違う味になるんですね。視覚がなくても、言葉とか、別のヒントで楽しめると思いました。

――なるほど、ということはいまぼくら、視覚に依存していますよね。その記憶は脳に貯められて、脳にものすごく縛られて生きているのかな。目が見えなければ、いまのなすのペーストも、食べたときに、視覚に頼らない分だけ、モノそのものに意識がいって、それを探ろうとするのですかね。

伊藤　そうですね。まあ、見えない人も、それはそれで先入観に縛られる部分があると思いますが。

――でも、脳の支配率は違いますね。

伊藤　見える世界と見えない世界の違いは、予測が立つか立たないかなんです。見えると予測が立つので、コップのコーヒーを飲む前に、これはコーヒーだ、コーヒーはこういう味ってわかって、それを確認するために飲む感じですね。でも見えない人は、香りはしても見えないから、口に入れて感じながらどんなコーヒーかがわかる。そういう意味ではフレッシュというか、先入観、予期が見える人よりはその分少ないのかなと思います。

――脳の情報に縛られず、いつもリアルタイムで確認しながら進めることができる。

伊藤　とはいえ、毎回フレッシュな経験をするのって大変じゃないですか。で、それは労力がかかるので、見えない人だって、大変さを減らしたいっていうのがあるから、飲む前に周りの人にこれ何？って聞いたり、安心してから飲んだりはすると思います。

見えない人も世界を見ている

——感覚にもヒエラルキーがあって、視覚がいちばん上位で、聴覚、触覚、味覚、嗅覚になる。視覚で予測をつけるならば、それに頼る社会構造になる。どんどん視覚優位になっていったら、それでも見えない人の豊かさっていうのはキープできるんですか。

伊藤　西洋的な価値観ではどうして視覚がいちばん優位かというと、いちばん精神的なものに近い。さっきおっしゃったような、頭に近いみたいなふうに思われていたからなんです。見えない人の場合は働きが全然違うんですよ。見えない人の触覚は、手で質感を味わいたいわけじゃないんです。たとえば、このテーブルの両端を触って、テーブルだとわかる、視覚がやっている仕事を触覚でやっているので、必ずしも視覚的な働きが無いわけじゃない。視覚じゃない別の感覚でやっているんですよね。だから、視覚は持っている。

——なるほど、点字も脳の視覚野(※4)が働いて、触って見ているんだと著書で書いてらっしゃいますね。でも、目の見えない人は、遠くの外部情報はとれませんね。

伊藤　そうとも限りません。たとえば地下鉄で電車が入ってきたのを知覚するのは、視覚がいちばん最後なんです。電車が入ってくると、まずトンネルの空気が押されて風が来るっていうのを顔で感じます。その後に振動が来ます。音も同時ぐらいでやってきます。そして最後にやっと電車が見える。案外視覚がいちばん遅いっていう場合もあって、触覚や聴覚の方が遠くの情報をとれることもあります。

――触覚も早く情報を拾うんですね。象も足で何キロも先の動きをつかみます。

伊藤　触覚は、触った面だけの情報じゃない。特に生物に触った場合は、その人がどっちに行こうとしているのかさえ伝わってきますよね。合気道では体の一部分をちょっと触っただけで、これからどうしようとしているのか、キャッチできる。目の見えない人が肩とか肘とか一カ所触れているのは、その触ったところから、どっちに行こうとしているか、わかるからだそうです。

視覚障害者の伴走のときは、紐をお互いに持って、それを振りながらいっしょに走るんですけど、それがものすごく楽しいそうです。言語じゃないコミュニケーションが触覚を通して行き交って、ここはちょっとがんばろうとか、ここはスピードをセーブしてとか、紐を通じて「共鳴」みたいなことが起こるそうです。

――紐をひっぱって感じるんですか。

伊藤　それもあるし、本当に微妙な感じです。振っているタイミングが遅れるとか。かなり

（※4）　視覚野
大脳皮質の後頭葉にあり、視覚に直接関係する部分のこと。この部分の両側が損傷すると眼は正常でも皮質性の完全盲目となる。

言語の代わりになります。肌を接したり、抱き合うなど触覚は、視覚が表情でコミュニケーションするよりも、はるかに多い情報量をやりとりできます。健常者同士はその触覚的なコミュニケーションってほぼやってないですけど、介助の場面ではすごく生かされています。

――体は接してないけど、紐が手のようになるんですね。

伊藤　表面の質感を感じるみたいな意味での触覚は、たいしたことなくて、その奥ですよね。その奥に何があるのかを感じる力が、すごい。

――でも、視覚は便利ですから、やっぱり視覚に頼っていますけど。

伊藤　よく、病気とかでちょっとずつ視力がなくなった人が、失明したのにすぐには気がつかなかったと言います。特に家の中にいると知っている空間だから、見えていないのに見えている感じで振る舞える。だから家を出てはじめて、あれ、見えないって気づくそうです。段々見えなくなるとき、その手前で聴覚とかにかなり頼りはじめているので、聴覚、視覚を総動員して空間をつくっているんですよね、その割合が、視覚が完全にゼロになっても気づかないぐらい、記憶を含めてかなり補完しているらしいですね。

――ドキドキしてきた。

伊藤　中途失明では、そんなに珍しい出来事じゃなくて、結構聞く話です。家を出たら急に見えなくて、看板がなかったみたいな。

――こわー。

伊藤　実はいまも見えてないかも（笑）。

――信じていたつもりのことが、ドンドンひび割れました。壊されるのは気持ちいいですね。ありがとうございました。

借金をしよう。返さず生きよう

小川さやか

小川さやか（おがわ さやか）
1978年生まれ。立命館大学先端総合学術研究科教授。アフリカ研究を専門とする文化人類学者。著書『都市を生きぬくための狡知――タンザニアの零細商人マチンガの民族誌』（世界思想社）により、第33回サントリー学芸賞受賞。『チョンキンマンションのボスは知っている』（春秋社）により、第51回大宅壮一ノンフィクション賞および第８回河合隼雄学芸賞受賞。その他の著書に『「その日暮らし」の人類学』（光文社新書)、など。

コピー商品や古着を商うタンザニアの行商人マチンガ。定価はない。人を見て値段をつける。インフォーマル経済の隅っこで生きる彼らは、借金を重ねて、借金を返さない。さらに、そのつながりを国中に広げる。

なぜ、日本の非常識は、タンザニアでは知恵に代わるのか。それは、国は頼りにならず、世の中はいつどうなるか、わからない、彼らにとって未来は見えないことにあった。ところで、日本の未来は、そんなに確かでしたっけ。

狡猾さが、生きる知恵

――世の中多様性ばやりなんですが、その割には、生き方の多様性は貧しいように感じています。その思いから、今日は、タンザニアの人たちの価値観を学びに来ました。『「その日暮らし」の人類学――もう一つの資本主義経済』(※1)を読むと、日本とまったく違う生活文化があるようですね。

小川 『「その日暮らし」の人類学』の前に、『都市を生きぬくための狡知――タンザニアの零細商人マチンガの民族誌』(※2)で、マチンガの「狡知」に富んだ商取引について書きました。

(※1)『「その日暮らし」の人類学――もう一つの資本主義経済』二〇一六年、光文社新書。「貧しさ」がないアマゾンの先住民、気軽に仕事を転々とするアフリカ都市民……。成果主義、資本主義とは異なる価値観で、人びとが豊かに生きている社会や経済を人類学的に追究。

彼らの「ずる賢さ」は生きる知恵にあふれています。

——本を読むと、「ずる賢さ」とは、「ずるいことに知恵を使うこと」だけでなく、ずるさを生かした生きる知恵のように感じました。「ずるさ」+「知恵」といえばいいのか。

小川　だましながら助け合うっていうのがおもしろいんです。誰も助け合う気はないのに。

中卸商人（ボス）は、資金のない行商人に古着を掛け売りする。卸す値段は、人によって違います。定価はない世界です。腕がいい、運が向いていそうな行商人には、同じような古着でも高く引き取らせる。逆の行商人には安くする。親分だけ利益をむさぼるようなことはしません。そんなことをすれば、代金を持ち逃げする行商人が出る。売れない行商人には、晩ご飯分ぐらいのお金を渡す。二〇人ぐらいの行商人の仕事と暮らしをマネジメントしています。

——素晴らしいマネージャーです。

小川　行商人たちも、したたかです。いかに中卸商人からかすめ取るかを考えている。一日中サボっていたくせに、足が棒になるくらい行商したんだけど、全然売れなかったとか言って、色を付けろと迫る。売上枚数をごまかしたりさまざまなことをするんですよ、ごまかし合戦を。ボスとしてはその手口を見抜いていても、いきなり怒ったりしたら、行商人が仕入れ代金を踏み倒して逃げちゃうので、あるときはだまされた振りをしてみたり、あるときはキレてみたり、駆け引きをしなくてはならない。そして、ほんとうに弱り目の行商人には情けを示す。そういう駆け引きというか、だまし合いゲームを通じて、「その日暮らし」の人間のセーフティネットみたいな小世界を維持しているんです。

ひとり勝ち・ひとり負けはなし

――行商人は、お客も相手を見てから値段をつけるのですか。

小川　そうです、定価はありませんから。そのとき羽振りのよさそうな人や観光客には高く、そのときお金の乏しい人には安く売ります。別に善意でしているのではなく、絞り取れるところから取っているだけです。

――その場、そのとき、状況次第で値段も、儲けも変わる。

小川　同じものの値段は人によって違って当たり前なんです。その日運がいい人も運が悪い人もいるし、というふうに考えているわけです。

――みんな「運」の調整役になっているんですね。

小川　実は、フィールドワークで、この行商人を一年半ぐらいしました。わたしも、みんなといっしょにボスをだまそうとしたりして。

（※2）『都市を生きぬくための狡知――タンザニアの零細商人マチンガの民族誌』
二〇一一年、世界思想社刊。タンザニアの路上で、嘘やだましを含む熾烈な駆け引きを展開しながら古着を売り歩いた著者。マチンガたちのアナーキーな仲間関係や商売のしくみを解き明かす。

――持ち逃げしたら、どんな目に？

小川　何もされないですよ。捕まらないもの。住民票もなく、あだ名しか使わない。警察に駆け込んでも何もしてくれません。逆に、怪しい商売をしていないか、探られるぐらいです。

――小川さんも、いろんな役を演じたんですか。

小川　ボスにもなりました。一〇人ぐらい、行商人たちも使ってみたんですけど、すごく難しい。いかにも真面目そうな朴訥とした青年に、あっさり持ち逃げされました。行商人仲間に話したら、「お前みたいな初心者が真面目そうなタイプを選ぶからいけないんだ」と笑われました。「もっとずる賢そうなヤツにしろ」。真面目な人は、うまくちょろまかして自力で不満を解消できないので、不満をため込めるだけためて逃げる。ずる賢いヤツは、わたしの気づかないうちに、うまくかすめ取っていくから、長く続くのだと。

ずる賢い人間を信用する

――真面目な人ほど、相手に依存しながら不満をため込んで爆発する。狡猾さは調整力ですね。なるほど深いな。

小川　現地では、ムジャンジャほど素敵な取引相手だそうです。ウジャンジャが賢さ／ずる賢さ、ムがつくとずる賢い人っていう意味です。

ムジャンジャは、売上や商品を持ち逃げして卸になったり、前の卸の行商人を全部引き抜くこともある。マチンガの世界は下克上です。でも卸から小売りにドロップアウトしても、ずる賢い人がボスなら、とりあえず食べてはいけるので、ある種のセーフティネットつきのゲームです。

――行商人を全部引き抜いても暴力沙汰とかにならないんですか。

小川　ならないです。彼らは、三日間、何も食べなければ誰でも悪いことを考えるし、儲かっていたらどんな悪ガキでも良いことをしてくれるだろう、といいます。その意味で誰も信頼できないし、誰でも信頼できる。だから、持ち逃げの前科のある行商人とも取引する。持ち逃げは、彼をうまく飼いならせなかったかつての卸の手腕が足りなかっただけだと。

――おとなですなぁ。いまの話で、わたしの親父の言ったことを思い出しました。わたしは末っ子の長男で、上の三人が姉です。親父はその三人のうち、ひとりの姉の旦那のことを何かと目にかけて、困ったときには金銭的にも助ける。「なんでひとりだけや、不公平やないか」って文句言ったことあるんです。すると親父は、「そうや、不公平やな。けどな、世の中は不公平やで。世の中が不公平なのに親が公平にしたらどうなんねん」って。彼が困っているのは、彼が真面目に仕事しようとしてるのに運が向いてないだけやないか。世の中が公平なら親も公平にする、と。

小川　なるほど。世の中不公平なんだから、たとえば値段をみんな同じに売るとか、そんなところで公平にしてもしょうがない、ということですね。

――知恵のある狡猾さというか、狡猾さのモラルというのか。

小川　彼らは、ずる賢いかすめ取りと、盗みや詐欺は区別しています。暴力的な盗みは犯罪で、そのような人には容赦ない。泥棒にタイヤを巻いて火をつけたりすることもある。それに対してずる賢いかすめ取りは、だまされちゃったかな、でも何だか憎めないな、おもしろいからまあいいかという気分に相手をさせ、金銭を積極的に諦めさせる、贈与させることです。

――それにしても、見事な「その日暮らし」ですが、未来を思い悩むことはないのですか。

小川　誰でも未来を考えます。けれど、予想がつかないので思い悩んでも仕方がないこともあるという余地を残しておく。インフォーマル経済は浮き沈みが激しく、収入が大きく変化するので計画を立てるのが難しい。ちょっとお金を融通してと頼まれたり、いつも生活に足りないことばかり。お金が手元にあるとすぐになくなります。

それで、彼らは、たとえば、どうしているかというと、六人で一日一〇〇〇円ずつ出し合う。総額六〇〇〇円をひとりで取る。翌日は、違う人が、というふうに回していく。これはまとまったお金をつくる遊びです。

社会的ジェネラリストになろう

――未来は考えられない、備えもできない？

小川　もちろん夢はたくさんあります。将来は店を構えたいとか夢はあるけれど、現在の延長線上に未来を想定するのが困難なので、それだけが目標にはなりにくい。むしろその時々のチャンスを上手く捉えて、たくさんの夢の中から実現できるものを実現させる。

――日本では「保証された未来」にするために、有名大学、一流企業へのコースをイメージしている。これも夢なんですが、この夢想のバリエーションが少ないのがつらい。

小川　わたしもすごくそう思います。昔は、家の商売を継ぐとか、職人や住み込み仕事や、いろんな生き方がより身近にあり、雇用されることばかりが多数派の目標ではなかった。雇用制度ばかりか国の福祉制度もあやしくなって、保証はなくなってしまった。でも、もともと国の制度に頼れない路上商人たちは、自分たちで生活を保証する仕組みをつくってきた。彼らはあえて貸し借りの帳尻を合わせないで、借りを残しておくんですね。自分が借りのある人が一〇〇人いたら心強い。いざとなったらアイツにもアイツにも頼れることになります。

――お金を借りて、返さないで、国中に友をつくって、その友を頼って新しい仕事を見つける。よくできてますね。

小川　政治体制は変転し、経済は不安定。もしかしたら、お金はただの紙くずになってしまうかもしれない。お金やモノも大事ですが、もしかしたら貸し借りのある仲間がいる方がずっと頼りになるかもしれない。

日本人は逆で、貸し借りを清算しないと気が済まない。ナタリー・サルトゥー＝ラジュ(※3)によると、他者に借りをつくらず自律的に生きていることを賞賛する価値観のもとでは、借りを残したままでは生き辛くなった。

――企業のジェネラリストになるより、社会的ジェネラリストになる方が、ずっとカッコいいですね。

小川　貸し借りの人間関係が面倒くさいっていうのもわかるんです。助け合いにはしんどい側面もあり、権力関係が発生することもある。借りた方は、貸してくれた人に、精神的な負い目を感じるようになりますよね。タンザニアの人びとはエムペサ(※4)などを通じて小銭を頻繁にやり取りするうちに、貸し借りの帳尻がわからなくなってくる。すると、たまたま自分が困っているときにお金が回ってきたっていう感覚になっていく。

権力者のいない「分配」方式

――日本でも、昔は「金は天下の回りもの」と言いました。

小川　誰かが社会の成員から金銭や物品を集めて再び分配し直すのが「再分配」です。国家による福祉制度や王国制度などは「再分配」に相当するものが多いです。この場合は、国家や王国へのロイヤリティが求められます。これと「分配」は異なります。たとえば、ある人が狩りに成功したら肉をみなに分配し、次に別の者が成功したら、またみなに分配する。狩猟採集民社会など平等主義的だとされる社会では、この「分配」が重要な機能を果たします。わたしが調査した路上商人の世界も、偶発的に誰かが儲かったら別の誰かへと流れていく。その意味で「分配」に近しく、さらにその分配が確固とした共同体ではなく、より開かれた形の互酬性のうえで機能しています。このような社会だと誰かが過度に負い目を感じたり、過度に権力を持ったりすることにはなりにくいです。そこでは、社会を生きるうえでのバランス感覚、一種の公正さの感覚も必要ですが、それが絶対的な正義や規範になると息苦しい。

――いやーおもろい。善意からではなく、あくまでも狡猾だから、共存共栄が図れる。善意って時に始末が悪いですからね。

小川　相手を追いつめないように利益を争う態度には善意や共感もあると思うのですが、アナーキーな市場ではそうしないと単に上手く回らないのです。逃げられたり、やり返されたりする。その意味で賢さ／ずる賢さのゲームなのです。

――それは、「狡猾の生活文化」ですね。昔、大阪では、バス停で待つとき、行列をつくらなかった。それでも、先着順に乗り込んだ。東京ではルールに従って行列をつくる。でも、行列をつくら

（※3）　ナタリー・サルトゥー＝ラジュ
　フランスの哲学者。著書『借りの哲学』（二〇一四年、太田出版）では、「資本主義が《借り》を、《負債》に変えることに成功した結果、人々はある意味で、社会のしがらみから自由になった。だが、〔…〕「誰かに何かを与え、与えられた誰かがその《借り》を返す」という《借り》のシステムを失うことになった。それは〔…〕人間関係を失うことである」と、借り文化の復活を提唱した。

（※4）　エムペサ
　ケニアにはじまるモバイル送金サービス。銀行口座を持つことが難しかった貧困層に受け入れられ、爆発的に普及した。送金者は代理店で現金を渡し、自分の口座に入金。そのうえで、受取人の携帯電話番号と金額をＳＭＳで送信する。受取人は、近くの代理店でＳＭＳの情報を見せてお金を受け取る仕組み。

ない大阪は、お年寄りが来たら、順番を譲ったんです。ルールは見えないけれど、マナーはあった。

小川　マナーは文化だから共有に時間がかかる。ルールは共有しやすい。

――「その日暮らし」のマチンガの知恵を、非正規雇用が増えた日本でも生かせませんか。日本の働き手の四〇%を占めるのですから。

小川　タンザニアは、サラリーマンよりも個人操業の自営業者が多く、基本的に「その日暮らし」の世界なので前提が違うと思いますが。

でも、生計多様化戦略は不安定化する日本でも重要になるかも。特定の仕事をしながらも、常にほかの可能性にも身を開き、チャンスがあれば、別の仕事も探す生き方をポジティブに捉える考え方があってもいいですね。

――中国人のように会社に勤めながら副業をするとか、もっと狡猾になった方がいいのでしょうね。

小川　狡猾さは大切です。ただ、日本人は、狡猾さを「真面目さ」の対義語であるかのように教えられているので、好きになれないかも。もっといい言葉があったらいいですね。

他者の窮地を笑うこと

――まだ、国を信じているところもあるし、表向きは真面目が好きですし……。やっぱり、タンザニアのマチンガからは学べないかな。

小川　タンザニアの人々は時として追いつめられた人を笑うのです。とても明るく。最初はなんて酷いと思ったけれど、考えてみたら、どうしてわたしは笑えないのだろうと。たとえば、浮気現場へ奥さんに乱入された亭主は、泣いたり、逆ギレしたり、苦しい言い訳をしたりする。その姿は客観的に見るとおもしろい。でもそういう姿を見て、わたしたちはその人の本性を見たと考える。だから窮地に陥った姿を笑うのは不道徳になるし、人は平常時に積み上げた社会的人格が崩壊する窮地に恐怖する。

——なるほど、日本では窮地に立ったとき、無様なときの、その人を本性と見なします。

小川　でもタンザニアの人々は、窮地に陥った姿がその人の本性であるとか本来の姿だとは思わない。冷静な彼／彼女も、パニックに陥る彼／彼女も、状況に応じた人間のひとつの姿に過ぎない。誰もが状況によって変身する。追いつめられた彼／彼女の姿は、そうなったときのペルソナ（※5）のバリエーションに過ぎないと。でも、日本人のわたしたちはおもしろいと思っちゃいけない、笑うのはとんでもない。それは、人は変わらないもの、何か立派なもの、そうであるように振る舞わなければいけないものと、信じ込んでいるからです。困難性にあふれた日常を、窮地に陥る人間行為とともに笑い飛ばす。そういうふうにできたら、社会は

（※5）ペルソナ
もともとは俳優が頭からかぶる仮面のこと。そこから、俳優が演じる役柄を示す意味になり、いまは人物、個人、性格、人格までを指す。

楽になるのにって思うんです。

——それが、懐の深い社会、多様性のある社会です。

小川 いっそのこと、みんながいろんなことを他人に頼んでみるっていう作戦にでたらいいと思います。困ったら、誰かに気軽に頼ることをみながやればいいのではないかしら。

——でも、日本人は育児や引っ越しや葬儀など、ほとんどのことを他人の世話にならず、ビジネスとしてお金ですませるようになった。借りのやり取りは面倒くさいから。

小川 マチンガにとって、もっとも頼りになる友とはもっとも多くの人から借りている人です。いろんな人に愛されてお金や物を借りられる人はいいヤツだって。いいヤツなら、僕にも貸してくれるはずだって。誰かとの互酬的な関係を築くために、相手との未来を信じるリスクを引き受けて贈与してみるという議論があるのですが、逆に借りてみることも互酬的な世界を築く一歩だと思うのです。

——「いざ、というときのために、こまめに借金して、友をつくっておこう」。なんだか、消費者金融のキャッチコピーのような言葉を結論にさせていただきます。

「数学」で「障害」を解く

森田真生

森田真生（もりた まさお）
1985年生まれ。独立研究者。2020年、学び・教育・研究・遊びを融合する実験の場として京都に立ち上げた「鹿谷庵」を拠点に、「エコロジカルな転回」以後の言葉と生命の可能性を追究している。著書に『数学する身体』（新潮社；新潮文庫、第15回小林秀雄賞を受賞）、『計算する生命』（新潮社）、『僕たちはどう生きるか　言葉と思考のエコロジカルな転回』（集英社）、絵本『アリになった数学者』（脇阪克二・絵、福音館書店）、随筆集『数学の贈り物』（ミシマ社）、編著に岡潔著『数学する人生』（新潮社）がある。

数学は農業に似ていると、日本を代表する数学者の岡潔さん(※1)が言われた。
農業は障害者福祉に似ている、とコトノネは思う。
なら、数学から障害が解けるのではないか。
数学を軸に独自の活動を展開する「独立研究者」を訪ねて京都へ。

虚構のリアル、現実の虚構

――『数学する身体(※2)』をワクワクしながら読みました。でもよくよく考えればほとんど理解していない。ならどうしてワクワクしたのか。その話を会社で話題にすると、じゃあ執筆者に聞こう、と無責任な結論になりまして伺いました。

(※1) 岡潔(おか きよし)
一九〇一年生―一九七八年没。日本を代表する数学者。一九六〇年に文化勲章受章。著作も多数。代表作に『春宵十話』(一九六三年、毎日新聞社)、『日本のこころ』(一九六七年、講談社)。小林秀雄との共著で『対話 人間の建設』(一九六五年、新潮社)など。

(※2) 『数学する身体』
二〇一五年、新潮社刊:新潮文庫。森田さんの論壇デビュー作にして、小林秀雄賞受賞作。「30歳、若き異能の躍動するデビュー作」として注目を集める。ものを数える手足の指からはじまり、道具の変遷は数学者の行為を変え、記号化の徹底は抽象化を究めていく。論考はチューリング、岡潔を経て、数学を通して「人間」に迫る。

森田　訳がわからないのに、ワクワクしたなんて、うれしい話です。

——数学と身体は自然につながりました。図形が出てくる幾何は大好きで、補助線という線一本を加えるだけで、いきなり世界が立ち上がる。とても身体的です。でも、「無限」という概念を習って、家で太陽系を超えた無限の線を何度も引いては消して、途方に暮れました。数学にも物理にも挫折しました。

森田　数学は、これまで世界に存在しなかったものを生み出していく営みです。すでに知っていることを数学的に表現するだけが、数学ではありません。無限とはこういうことなんじゃないかっていうのを自分で先に決めてしまうと、数学の無限は理解できないと思います。

——いままでの常識の世界にはめ込もうとしてはいけない。

森田　おそらく無限の絵を描かれていたころは、数学をする前にすでに知っていた地球とかに還元して無限を理解しようとしていたと思うんです。子どもが椅子というものを知らないときに、椅子を食べ物とかおっぱいとかそういう既知のものに還元して理解しようとしてもまったく意味がわからないですよね。意味がわからないものを意味がわからないまま、とりあえず楽しむところから数学の世界は広がっていくと思うんです。

——わたしに残ったのは「わたしには有限の世界しか理解できないのだ」という絶望感です。

森田　人間が生きている世界は有限だし、具体的な経験もすべて有限です。でも、言葉は平気で虚構を生み出し、ありもしない「無限」というものを言葉一つで出現させることができてしまう。りんご二つもみかん二つも同じ「2」だというのも、ある意味では虚構ですよね。そもそもどのりんごも、よく見ればそれぞれ違いますから。

養老孟司先生(※3)が以前、A＝Bという式が出てきた途端に数学に挫折したという友人の話をされていました。だってAとBは違う。違うものを等しいとみなすところから数学的思考が始まる。でも、等しさよりもむしろ差異を見いだす能力も、それはそれで立派な知性ですよね。

養老さんは、こんなことも言ってました。飼い猫の「まる」に「まる」と呼びかけるとき、呼びかける人の声はみな違うから、まる自身はきっとすべてを「別の音」として受け取っているだろう、と。人間は、だいたい同じものをざっくりいっしょだと処理できるので、誰がしゃべっても「まる」という言葉が同じ対象を指示していると理解できる。こういうある種のいい加減さが言葉の成立を支えているわけです。無限ってまったく非現実的じゃないか、と衝撃を受けたというのはもっともなことです。事実から逸脱していくのは言葉そのものの

(※3) 養老孟司(ようろう たけし)
一九三七年生まれ。医学博士、解剖学者。東京大学名誉教授。『唯脳論』(一九八九年、青土社)、『からだの見方』(一九八九年、筑摩書房:ちくま文庫)でサントリー学芸賞を受賞。『バカの壁』(二〇〇三年、新潮新書)は当時ベストセラー一位になり、毎日出版文化賞特別賞を受賞。

本性ですよね。

——なるほど。いまのお話を伺ってわたしがおもしろいと思った理由の一つが見えました。それは数学を超えたおもしろさです。

森田 数学は言葉の力を借りて、事実を超えた世界をつくっていきます。数だって言葉がなければ成立しない。数学と言葉の関係は掘り下げていくととてもおもしろいです。

——言葉は確かに乱暴ですね。鼻のあたりを指さすと、わたしにとっては自分のことですが、自閉症の人は、「鼻」と解釈することもある。いや、「皮膚」かもしれないし、ひょっとすれば「鼻くそ」かもしれない。自閉症の人の理解が正しいのではないか。

森田 正しいというよりも、事実により寄り添っていると言えるかもしれませんね。言葉は虚構の世界をつくって、そこに参加する人たちの間で、ある種の秩序をつくっていく。数学を学ぶためにも、そうした事実を超えた世界に参入していく必要があります。

物が落ちる、その偶然性

——数学は事実じゃない。言葉によってつくられた世界。直線を引くというとき、線には幅がある。でも、幅はないことにして考えますね。

森田 おっしゃる通り、作図された線には必ず幅がありますが、幅のある線を作図しながら、その幅はないと見なすのがユークリッド幾何学の起点にある「要請」です。「見なす」というのが重要で、たとえば演劇の舞台で、現代の俳優が一七世紀の王様か何かを演じていたとして、舞台に没頭しているお客さんにとっては、その俳優は、王様に見えるわけです。どうせ虚構だ、と冷めた目で見るのではなく、本当に王だと思って見る。数学も同じで、どうせ幅があるじゃないか、ということよりも、幅がないと見なすことで開ける世界があるわけです。

――わたしは、目に見える現実しか信じられなかった。

森田　人間は言葉の力で「事実」から逸脱していく。そんな言葉の虚構性を暴こうとする人もいます。神も宗教も貨幣も虚構だ、事実に立ち返れ、と。もちろん、虚構の虚構性に無自覚なことも問題ですが、僕は、事実から逸脱していくときの驚きにこそ、強く魅了されている一人です。

――学びと、逸脱？

森田　学びには二方向あって、一つは偶然を必然化させる学びです。学校の学びはこれが多い。たとえば、小さな子どもは物が落ちるだけで喜びますけど、それは、物はどうせ落ちるものだと、まだ決めつけてないからです。彼らの世界には偶然の余地がまだかなりある。そこを学習によって、どんどん必然で固めていくのが、学びの一つの方向性です。でも、それだけが学びではなくて、誰もがそうでしかあり得ないと思っていた事柄の中に、そうでないこともできたのではないかという偶然性を見つけていくこともまた学びです。

――必然と信じ込んでいる世界に、偶然を見つけることですか。有限なはずの世界に無限を持ち込むように。実は、世界はわかるほどわからなくなる。

森田　現代の物理学者は物が落ちることに感動できるわけですよ。もちろん大人だから、物は落ちるものだと知ってる。でも物理を学ぶほど、重力というのは不思議で、そもそもなんで物には質量があるのか、なぜ重力だけ自然界の力の中で極端に弱いのか。まだ誰にもわからないことがたくさんある。そういう研究をしている人にとっては、物が落ちるということはいまだに驚きでしょう。

　ぼくは、偶然と必然のこの緊張関係が大事だと思うんですね。事実がすべてではないし、虚構に安住すればいいわけでもない。虚構を暴いて、「ファクト」だけが正義というのも乱暴な話です。誰もが事実であり、必然だと信じている世界から逸脱していくことでしか見えない真実もある。

――事実も真実、虚構もまた、一つの真実？

森田　この農薬は身体に悪いんじゃないか、子どもに食べさせたらいけない、って親が言うと科学的な根拠を示せ、と言う。事実の尊重ですよね。でも、実際に科学的な根拠が示せるぐらい人がバタバタ死にはじめていたら手遅れですよね。人は事実とは別の次元でもまた思考し判断してきた生き物であって、だからこそ、虚構の虚構性を自覚できなくなるのもまた危険です。事実を事実として精緻に受け止めていきながら、同時に、そこから落っこちていくものとか、はずれていくものを見つけ出していく。事実の把握と、事実を超えた世界の構築とがセットになって、緊張を保たないといけないのだと思います。

世界は、偏見と間違いの海

――なるほど、わたしは、虚構にやられて事実を放棄した。

森田　ぼくも中学校一年生のときに、物が落ちるのが不思議で、「なんで落ちるんですか」って物理の先生に聞いたら、そういうことを考える前に、まずは目の前の知識をしっかり覚えなさいと言われて、物理を学ぶことが一度、すごく嫌になっちゃったんですよ。

――でも物理は嫌いになっても、自分は否定しなかったんですね。わたしは自分を否定したんですよ、おれはやっぱアホなんやって。

森田　でもあんまり自分を否定されているように見えないですけど（笑）。

――いやいや、これは古希を迎えて開き直ったから。

森田　鶴見俊輔さん(※4)は著書『教育再定義への試み』の中で、「教育は、それぞれの文化の中で生き方をつたえるこころみである」と書いています。生き方には、死ぬことも含まれていますし、正しさに正しさを積み上げるだけでは人は生きられないとも語っています。

――正解がダメだと?

森田　生きていくことは傷ついたり、崩れたり、落っこちたりして、最終的には滅びていくわけですよね。教育というのは、傷ついても崩れても、失敗して間違っても、それでも学び続けることができるということを伝えることだと思うのです。

――間違っても生きていくことを伝える。すごいなあ。

森田　正解から落っこちちゃったときに、はじめて必然性に偶然の光が差し込んできて、そこに驚きや新しい世界の発見がある。だから学校でいわゆる正解ばかりの環境に取り囲まれてしまうと、何も学ばずに終わってしまう危険がある。先生も、自分の失敗とか傷つくところを見せられない。みんな正解の前に委縮して、自分はダメなんじゃないか、と思ってしまう。

ノイズは生きている。

――正解が正しく生きることではない。間違いも含めて生きるということ。いや、むしろ、間違いへの対応こそ、生きる知恵なのだ、と理解したのですが、突然、『数学する身体』の中の「進化電子工学の研究」の話を思い出しました。

イギリスのエイドリアン・トンプソンとサセックス大学の研究グループによる研究でした。回路基板のチップを調べると、論理ブロックの数が不足していた。これでは機能するはずがないのに、動いていた。さらに、「不思議なことに、たった三七個しか使われていない論理ブロックのうち、五つはほかの論理ブロックと繋がっていないことが分かった。繋がっていない孤立した論理ブロックは、機能的にはどんな役割も果たしていないはずである。ところが驚くべきことに、これら五つの論理ブロックのどれ一つを取り除いても、回路は働かなくなった」(三六ページ)。

森田　人間が何かを設計するときには、何が役に立ち、何が役に立たないのかを、あらかじめ選別してしまいます。iPhoneの中身には、何一つムダなものがない。でも、生物の進化の過程では、すべてボトムアップで生み出されていくので、途中で使えるものはなんでも動員されていくわけです。だからどこまでがリソースでどこからがゴミなのかという明確な区別はなくて、使えるものはなんでも使っていく。リソースとリソース以外の境界がどんどんあいまいになっていくんです。

チップの場合は設計者からすれば三七個以外はゴミだったわけです。普通はノイズとして、エンジニアによって慎重に排除されるこうした漏出が、回路基板を通じて伝わり、機能的な役割を果たしていた。設計者にとって除去すべきと思ったものは、進化しているチップには自然に使われるようになっていたんです。

(※4)　鶴見俊輔(つるみ しゅんすけ)
一九二三年生―二〇一五年没。哲学者、評論家、政治運動家、大衆文化研究者。アメリカのプラグマティズムの日本への紹介者の一人で、都留重人、丸山眞男らとともに戦後の進歩的文化人を代表する一人。『教育再定義への試み』は、一九九九年、岩波書店刊。

たとえば、研究者が考えに行き詰まって、研究室を出て雑木林を歩いていた。そんな無駄な時間を使うな、研究室に戻れと誰かが言うかもしれない。ですが、雑木林を散策することで刺激を得ていた。その刺激でアイデアが浮かんだ。同じことが、人工チップの中で起こったようなものです。あらゆるものが、どう役に立つかわからない。

――正解の中に正解はない。間違いとの対話の中に、人間の知性の外に、正解がある？

森田　空を切って自由に飛びまわる鳩が、「空気抵抗がなければもっとうまく飛べる」と思うかもしれない、とカント[※5]がプラトン[※6]を批判するときに書いているんですが、でも実際はもちろん、抵抗を生む空気がなくなれば飛べない。障害を否定したら飛べること自体が否定されちゃう。目が見えないことも障害だけど、見えていることもある種の障害。障害があることによって、発見できる世界もある。

――どんどん数学を逸脱している。また本によると、岡潔さんは「数学は百姓や」と言われたということですが。

森田　人間は、最初の種をまくことはできるけど、そこからの展開は決められない。数学は論理に従って展開していくので、好き勝手に結果を改変できない。カボチャの種をまいておいてナスになれとは言えないわけです。

おもしろいことが、役に立つ

――人間は、畑を選んで種を植える。あとは、ナスがナスになるお手伝いをするしかない。障害者福祉も似ています。障害者を強引に指導したり、変えることはできません。では、「友愛数」や「完全数」は、とても美しい発見ですが、何かの役に立つんですか。

森田　何が役に立つのかという議論をすることもできますが、その前に、おもしろいということ以上に役に立つことはないと思います。

――なるほど。

森田　この前、高校生から悩みの相談を受けまして……。歴史がおもしろくて研究したいんだけど、お父さんにもっと役に立つことをしなさいって言われる。どうしたらいいですかっ

(※5)　カント
一七三四年生―一八〇四年没。プロイセン王国(ドイツ)の哲学者。ケーニヒスベルク大学の哲学教授。『純粋理性批判』、『実践理性批判』、『判断力批判』の三批判書によって批判哲学を提唱した。ドイツ古典主義哲学の祖といわれる。

(※6)　プラトン
古代ギリシャの哲学者。ソクラテスの弟子、アリストテレスの師にあたる。『ソクラテスの弁明』、『国家』などの著者。

て。じゃあ何が役に立つんですかって聞いたら、お医者さんの仕事は役に立つ、病気を治すから。病気を治せばなんの役に立つのか。それは長生きできるから。では長生きできればなんの役に？　もっと好きなこと、おもしろいことができるって。じゃあおもしろいことやるのがいちばんじゃんって（笑）。

――何が役に立つのか、わからない。役に立つなどという姑息な考えを逸脱しろ。

森田　逸脱するためには、固定観念がいる。コンピュータを発想したチューリング(※7)がすごくおもしろいのも、必然性の枠組みのなかでどこまでできるかを徹底的に追求したからこそ、そこから逸脱する風景を浮かび上がらせることもできた。

――鳥だってクジラだって風や水の抵抗を生かしている。

森田　たとえば、ある人を障害者という固定観念でとらえる。固定観念だったと気づけたときに、すごく思考が前進したり、いままでなかった発見が生まれるわけで、固定観念を持つ人間の能力を根っこから否定してしまうと何も生まれなくなるのではないかと思います。一つの固定観念にしがみついていたら、それはそれで何も生まれなくなるので、固定観念から自由になることを求めるわけですけど、そのためには一つの固定観念を持っているということから出発するしかない。

――固定観念を恐れるな。偏見も恐れなくていいのですか。

森田　すべての人は偏見を持っている。日本語をしゃべっている時点で、日本語の枠組みでしか思考していない。二足歩行だってすごい偏った見方を生んでいる。偏見がいいも悪いも、偏見という見方でしか世界は見られない。だからその上で自分の偏見を見つめ、自分の偏見を揺さぶるっていうことに、おもしろさってあると思うんです。

――なるほど。どうすれば逸脱することができるでしょうか。

森田　それは、自分にとって不都合だったり、役に立ちそうもないことだったりとか、自分の枠組みの中で理解できないもの、いわばノイズを取り込むことではないでしょうか。子どもが、椅子を座る道具と決めつけずに、なでたり、かじったりするように。どんなものとも、遊戯的な関係を持つ。

――じゃ、このインタビューがそうですね。ワクワクするけども、その理由がわからない。わからないのにノコノコやってきた。その厚かましさが大切だと。

森田　はい（笑）。

（※7）　チューリング
アラン・チューリング。一九一二年生―一九五四年没。イギリスの数学者、論理学者、暗号解読者、哲学者、コンピュータ科学者。「コンピュータ科学、人工知能の父」とも称される。アスペルガー症候群の特性があったと指摘する人もいる。森田さんは、『数学する身体』で「チューリングが、心を作ることによって心を理解しようとしたとすれば、岡の方は心になることによって心をわかろうとした」と表現。

沈黙が共鳴する

安田　登

安田 登（やすだ のぼる）
1956年、千葉県銚子市生まれ。能楽師のワキ方として活躍するかたわら、甲骨文字、シュメール語、論語、聖書、短歌、俳句等々、古今東西の「身体知」を駆使し、さまざまな活動を行う。著書に『あわいの力』、『三流のすすめ』（以上、ミシマ社）、『身体感覚で「論語」を読みなおす。』（春秋社；新潮文庫）、『能』（新潮新書）、『野の古典』（紀伊國屋書店）、『見えないものを探す旅』（亜紀書房）など多数。

能には、
指揮者がいない、
沈黙の音で音を合わせ、
なぜか、能管には、
音を狂わせるような仕掛けもある。
一人ひとりの音があるから、
つながっていける。
能はワンダーランドだった。

神出鬼没の能楽師

——能楽師の道に入られたのは、二七歳の時ですね。ずいぶん遅くないですか。

安田　最初は能楽師になるつもりはありませんでした。学生時代、ナイトクラブのバンドでピアノを弾いて生活費と学費を稼いでいました。大人の人に混じって。ピアノは独学でマスターして。仕事ではメロウなジャズを演奏していましたが、趣味でフリージャズも演奏していました。フリージャズではドラムやサックスのパワーに、どうしてもピアノは負けてしまう。そこで力強い声を出そうと思って探していたところ、師匠の声を聴いてびっくりしたのです。そこで師匠に「謡を教えてください」と習いに行きました。二四歳の時ですね。

――でも、プロになられた。

安田　僕はそんな理由で稽古に通っていたのですが、師匠は素人に教えていず、玄人志願者だと思ったらしいのです。二人の誤解のうちに稽古がはじまりまして、やけに厳しい稽古だし、稽古料タダだし、変だなとは思ったのですが、まあいいか……と思っているうちに、いつの間にか玄人になっていた。

――能楽師をされながら、さまざまな活動をされ、たくさんの本も出されている。

安田　八〇年代くらいにエイズの本を二冊書いたことがあるんです。友達が同性愛者で、その恋人がエイズになってしまった。八〇年代はすごく差別が激しくて、その恋人は会社もクビになる。その人を守る活動のために資金を稼ぎに本を書きました。エイズの勉強にアメリカにも行きました。

――当然、能楽師をやりながら？

安田　はい。また、ひきこもりのひとと「おくのほそ道」を歩いたりもしました。

――それは、どんなご縁で……。

安田　あるＮＰＯからひきこもりの人たちに対して何かをしてくれないかと頼まれたことと、カウンセラーと精神科医の友達がいたことがご縁です。彼らといろいろ活動をしているうちに、やはり身体性を取り戻した方がいいのではということになって、みんなで歩くことにしました。

――どれぐらいの道を……？

安田　一回のウォーキングは一日八時間を七日から一〇日ぐらいです。それを何度かしました。

――それも仕事ではなく。

安田　ええ、僕だけでなく、カウンセラーも医師もみんなボランティアです。参加者の中にはお金のない方もいて、そういう場合は彼らの交通費や宿泊費も、みんながお金を出して払いました。

――ボランティアや持ち出しばかりですね。なぜ、ですか？

安田　カウンセラーが友達ですから（笑）。友達から頼まれたことにお金を取れないでしょう。また、コロナ前は小学校や中学校に出かけて、能や「おくのほそ道」の授業をやっていましたが、それもボランティアということもよくありました。多いときには年間一〇〇クラスくらいやっていました。

――能のたのしさを、子どもや若い人に伝えたい。

安田　それはちょっと違います。

――あまりの意外さに、次のことばが出ません（笑）。

安田　何かをするときに意味や意図をあまり持たないようにしています。ただ、授業をすることが好きなのです。それも、めちゃくちゃ荒れている中学が、一番好きなんです。

ある中学に行ったとき、校長先生に、本当にうちでいいのですか、ちょっと授業を見てくださいと言われて、教室をのぞきに行きました。物を投げ合い、大騒ぎ。校長先生が入っていっても静まらない。授業をしている先生の声は、一番前の席の子にしか聞こえない。そういう学校、大好きなのです。

能装束の「変なおじさん」

――どうなったんですか、教室は？

安田 校長先生に「ぜひ、このクラスの授業をさせてください」とお願いしました。ただ、気を付けないといけないのは、僕の授業がうまくいってしまうと、いままでの先生の授業がダメだったことになる。これは避けなきゃいけない。それで国語の先生と話し合って、一学期の間いっしょに古典の授業をつくっていくことにしました。まずはカリキュラムを一緒につくり、僕も一回きりではなく何度か顔を出しました。

――それで騒然とした教室での初授業は？

安田 紋付の着物を着て教室に入って、すぐに謡を謡いました。教室中、大笑いです。変な声ですし（と言って安田さんは変な声を出してくださった）。全員大笑い。それがなんか、すごくいいんですよ。大笑いされても汗だくになって、いい大人が、自分の目の前で真剣にやっているのを見ると……。

笑うということは少なくとも、謡を聴いているし、僕を見ているということです。さっきまではモノを投げ合って、先生の授業なんて聞いていない。少なくとも僕の謡は、間違いなく聞いているし見ている。笑ってるんですから。能の謡か、あるいはそれを謡うわたしか、何かに対して反応しているわけですよね。それはなんにしても、ありだと思います。

――確かに感情が動いている。引き出されているということですね。わたしなら、そんな風には受け止められませんが（笑）。

安田　何かやって笑われると、ふつうの大人は止めると思うんです。「お前たち、笑うな」と怒ったりね。笑われているのに、まだ謡っている。いつまでやってるのと思いながら……？

――ちょっと変わったおっさんが来た、と。

安田　いくら笑われても、怒らない。止めない。

――志村けんさんじゃないけれど、子どもは変なおじさんが好きですよね（笑）。

安田　大笑いされても、汗をダラダラ流しながらやってる（笑）。

――子どもはどんな心情になるんですかね。変なおっさんから、かわいいおっさんになるのか。

安田　さあ、どうなるか……。そして、それから授業をし出すのですが、彼らはそれも聞きだして……。聞くといってもシーンとはならない。僕も、シーンとする授業は大嫌いなので、それがいいのですが。僕といっしょにしゃべっている感じになりますよね。

――すごい会話。

安田　たとえば、『平家物語』や『源氏物語』とかやったら、「それ、変だよ!」とか。「汚ねぇ」とか。物語の中で起こったことに対して自分が思ったことを口に出す。「わからない」とか、「すげぇ」とかね。こちらが気づかなかったことも彼らは言ったりします。なるほど!と思うこともある。

タテ社会を崩していく

――先生と生徒の関係性が変わったのでしょう。

安田　対等というのとは違うと思うのですが、少なくとも上から、何か押さえつける関係ではなくなりますね。

――一学期の授業は無事終えられた。

安田　校長先生がびっくりされました。一学期の最後は、みんなで『平家物語』の群読をしましたが、一番荒れていた生徒が、本気になって声高らかに古文を朗読するようになりました。校長先生は感激して、自分のお金で彼に法螺貝を用意してくれました。しかし一学期だけで終えたら、クラスの雰囲気はまたすぐに戻るかもしれない。結局、次の一年もやって、クラスが卒業するまで顔を出すことになりました。

――それにしても、校長先生も担任の先生も、安田さんをよく受け入れましたね。

安田　多分それには二つの要因があったと思うのです。校長先生に初めて会ったときに、「わたしが考えているのは、いつ辞めるかということだけです」とおっしゃっていました。もう為すすべなし。辞め時だけを考えていた。それぐらい、校長先生は追い詰められていた。これ以上、悪くなりようがない、という心境。だから、こいつひとりくらいいいんじゃないかと（笑）。もう一つは、わたしが「へらへら」した人間だったから。

――どっちみち、大したことはできん。「好きに、やってもらえ」って。

安田　そうそう（笑）。他の先生がたも匙を投げていて、彼らのためにテストなどをつくっていると、「やるんだったら、やったらいいよ。どっちみち何も変わらないから」というような……。

――でも認められたポイントは？

安田　授業というのは、おもしろいことと成績が上がることの両方が大切だと思っています。おもしろいだけで、成績が伴わないとただのエンタメになってしまう。生徒の将来のためにはならない。公立の中学は生徒によって成績に大きな差があります。できる子に合わせても、できない子に合わせても、お互いが退屈する。ですからそこは工夫をしました。授業の最初と最後に小テストをする。この小テストで成績を上げる。そして、真ん中におもしろい授業をする。小テストは成績を上げるためのものなので、ちょっとの勉強で一〇〇点を取れるものにする。ひとりひとり学力が違うので、最初は完全に一人ひとりに合わせてテストをつくりました。それを一学期続けると、このクラスは、共通試験で国語の平均点が九〇点くらいになりました。そしたら、他の先生から、全体の問題があるから、クラスの成績を下げてくれとか言い出されて（笑）。

生と死、そのあわい

――いいオチですね（笑）。でも、そろそろ能の話に切り替えさせてください。

能と言えば、生と死の語らいのイメージが強いのですが……。いまの時代、生と死が引きはがされてきていて、生からいきなり死になる。僕らが子どものころは、生から死にゆっくり近づいていきました。そこにあわいがあった。死に行く人も家族も受け入れる時間があった。近所の口の悪いおばあちゃんが来て、「おばあちゃん、ちょっと死臭がしてきたね（笑）」との声も耳にしたことがあります。

安田　「あわい」というのは英語にしにくい言葉です。「間」はできますが。このように他の言語に翻訳しにくい言葉というのが、とても日本的なものをあらわしていると思います。うちも祖母までは家で亡くなりました。当時僕は小学校低学年でしたが、祖母が起きられなくなって亡くなるまで毎日、祖母の枕元でいろいろな話をしましたし、聞きました。あわいの建造物といえば「内」と「外」をつなぐ「中」としての縁側がそうですが、縁側のある家もなくなってきています。また、旅もいまはあわいがなくなっていますね。僕は歩いて旅をするのがすごく好きです。引きこもりの人との「おくのほそ道」も歩いたし、若い頃は東京から高尾山までを何度も歩き、一度はそのまま足を延ばして和歌山まで歩いたりもしました。能の旅でもそうですが、歩く旅というのは目的地までの間に何かに出会う。新幹線に乗ってしまえば、東京から京都に出かけても点と点を結ぶ旅なのでその間に何も起こらない。あわいがない。旅も含めて、いま一歩ずつ何かをしているということが、すごく大事なんじゃないかと思いますよね。おっしゃる通り生と死もそうですね。

――生が突然消えて、いきなり死。連続性がない。

安田　世間のスピードが速くなっているというのも関係があるかもしれませんね。旅もそうですが、どこに行くかが大事という目的主義。そして、なるべく早くそこに着きたいという効率主義。「おくのほそ道」の最初は日光街道を歩くのですが、そこには一里、約四キロにひとつずつ塚がいまでもあってね、昔の人はここで休んだんだなということがわかる。だから「おくのほそ道」を歩くときには、時速一里で歩くんです。東京のひとの歩く速度を計ってみると、だいたい時速六キロくらい。速いですよね。ゆるゆるがいいです。取材も「聞きたいことはこれです。一時間で終わらせましょう」なんていうのだったらつまらない。こんなにゆるゆる話せないんですよね。この頃はZoomで取材をしたいというお話も多いのですが、Zoomにすると結論を言わなきゃいけない話になっていてつまらない。いまなんかどこに行くかわからない話をしているじゃないですか（笑）。

――はい。それで、オンラインじゃなく、対面でお話を伺うことになりました。お陰で余談を楽しめます（笑）。

安田　よく「あの人は花がある」と言いますでしょ。能でも「花」がもっとも大切なのです。では花とは何かというと、世阿弥は「住する所なきを、まず花と知るべし」、留まらないところこそが「花」だといっています。また、「妙・花・面白」ということも書いています。「妙」というのは天岩戸に天照大御神が入った状態だというのです。完全な暗闇になった状態で、これを「言語を絶して、心行所滅也」と書いています。完全な暗闇なので、あらゆる差異がなくなり、これとそれとの違いがない状態ですよね。その状態では、心も行いもすべて滅すると世阿弥は言っている。完全な闇の中でアイソレーション・タンクに入ったような状態です（笑）。そんな天岩戸の前で天鈿女命が舞を舞う。そうすると、「神々はわらう」と書いてあるんですが、『古事記』では「咲う」という字をつかっているんです。これは確か柳田国男が言っているのですが、「笑う」というのは「割る」から来ている言葉で、咲くも「裂く」。つぼみが裂けて花が咲くように、笑うというのは閉塞状態を割るための行為。天鈿女命が舞うことによって神々が笑い、閉塞状態が破られた。それによって天照大御神が現れ、光が再び出現する。すると、そこにいる神々の顔が明るく照らされる。この明るいが古語では「白」です。顔が明るいから「面白」なのです。しかし、完全な暗闇と、明るくなる間には変化の一点というものがある。でも、その一点は捕まえられないでしょう。それを世阿弥は「花」だと言っているんです。僕は、この「花」というのは、草冠をとった「化」ではないかと思うのです。世阿弥は花が最も大事だと言って、つまり変化が最も大事なんですね。

――花は変化を意味する。

安田 Zoomでの話というのは、「面白」しか現れない。いま僕はいろいろ雑談をしながらお話をしているでしょ。でも、実際に文章として書かれるときには、ほんのちょっとじゃないですか。しかし、そのバックには膨大な雑談が入っている。この雑談の部分が「妙」だと思うのです。これがいまはすごく少なくなっていて、「面白」ばっかりになっている。「妙」が意識や無意識の、それこそあわいのところでぐちゃぐちゃ蠢いて、それがあるとき文章にぱっとなる瞬間がある。その一点が「花」だと思うのです。世阿弥は、能はいま目に見えている「面白」だけではなく、「妙」と「花」の二つも大事だと言っているんですね。

指揮者なし、頼りは沈黙の音

――残念ながらわかります。今日の話のワクワク感も、原稿にまとめると「あらすじ」のようになってしまうんでしょうね。

安田 そして文字に現れない無音も大切ですよね。Zoomって無音がこわいじゃないですか。うちのメンバーでたまにZoomお茶会をするんです。Zoomお茶会ではできるだけ言葉を発しない。発する必要がない。ゆるゆるとお茶だけ飲む。無音Zoomです。

――コミも能の不思議です。

安田　コミというのは無音の間ですね。「込む」、力を込めるという意味だと思うのですが、文字で説明するのがすごく難しいですね。【図を描いて示していただく】ちょっと大鼓と小鼓の楽譜のようなものを書いてみますね。ちなみに、このひとつを手と言います。手はリズムパターンなのですが、こういう手が小鼓では二百数十個あり、大鼓もたくさんある。その組み合わせで音楽ができている。これは最も基本の手で、大鼓を打ってから小鼓を打ちます。能は一緒に稽古をしませんでしょう。

――それがまた不思議で。

安田　この演目に対して、どんなつもりで自分は演奏するかというのは、わからないわけですよ。指揮者もいない。全員正面を向いています。何も合図がない。そして、ここがコミです。たとえば、これでは大鼓がとったコミを小鼓が引き受ける。

【ここで安田さん立ち上がって実演】掛け声を出す前にお腹に溜めている、これコミです。これは謡や闘いでもあります。すべてコミによって次が決まる。小鼓の場合、まずコミをお腹の中で取り、次に掛け声の「ヨー」で手が離れ、そして打つ。ジャンプの着地が打音だとすれば、掛け声がジャンプ。そしてコミはジャンプの前に膝を曲げるようなものです。その曲げ具合によってジャンプの高さも変わるし、打音も変わる。言葉にするのが難しいんですけれど……。

――コミに音もない。姿が見えるわけでもない。その音も姿もないもので、どうして繋いでいくのですか。

安田 最初はわからない。稽古を始めたばかりは、全然ですよ。

――沈黙の音も、いずれ感じるようになる？

安田 沈黙といっても、この沈黙には凝縮がありますでしょう。ただ無音じゃなくて。この凝縮を感じられるようになるんです。隣にいながら。

――お腹で感じているんですか？

安田 お腹だけじゃない。多分全身で受け止めているような気がします。いまでもよくわかりません。

――能は部分ではなく、全身で受けとめる。指揮者もいない。一人ひとりがみんなで感じ合う。能は新宇宙です。

安田 ボスという頭がいて、その他の人はボスという頭の手足のように動くという「身体」をベースにした組織というのはもう古いと思うのです。そうではなくて、これから求められるのは「身体性」としての組織。鳥や魚の群れは、まるで群れ自体が意識を持っているように移動するじゃないですか。あのような仕組みをこれから人の組織でもつくることが大事じゃないか。では、誰の命令によって動いているかというと、実はその群れのなかで、もっとも臆病な者らしいということを人工生命の研究家の池上高志さん（東京大学情報学環教授）

からお聞きしました。

――リーダーは臆病者?。

安田　君子という言葉も、もともとは「せむしの男」という意味だったと加藤常賢先生（中国古代学者）はおっしゃっています。身体か精神に欠落がある人が聖人になれたと。イエスは「貧しきものは幸いである」と言いました。貧しいというのは、ギリシャ語でプトーコスと言うのですが、これは屈服した人を指す。ひとからいろいろ言われたりだとか、足蹴にされたりとかして、身体を小さくしているひとがプトーコスなんですよ。

臆病な人についてゆく

――弱い者に従う。

安田　そうなんです。臆病なひと、身体や精神に欠落を抱えているひとが、リーダーとなるひとです。身体にいろいろ問題があるひとこそが、昔は王になったし、イエスはそういうひとが幸いであると言っている。頭と手足という「身体」のメタファーができてから、強いひとが王になるようになった。

――何が、弱いのか強いのか、わかりませんね。地球に最初に現れた生物は原核生物で、この生物には寿命も生殖もなくて、次の真核生物によって寿命と生殖行為が生まれる。なぜ、寿命や生殖が進化によるのか。寿命で古い細胞を殺し、生殖で子孫を産む。その子孫はどんな形質を持って生まれるか、まったく読めない。どんな命が生まれるか、行き当たりばったり。それがいい。まったく「想定」できないことこそが、生命の知恵だったと思います。能のノドも、「想定外」に託した音ですね。

安田　能管のことですね。能管は竹でつくった長さ四〇センチほどの横笛で、指穴が七つあり、吹き口と指穴との内側に「ノド」と呼ばれる細い竹片がはめこまれています。「ノド」によって息の通り道が狭まり、音程も不安定になるし、強い息で笛を吹かなければいけなくなる。だから演奏者によって、さまざまな音や音程、そして表現が生まれる。これは身体も同じだと思うのです。若くて身体が柔らかいときは、いい声は出ない。身体が固くなって、もう動きづらくなって、声も出なくなってからが花です。

――じゃあ、わたしぐらいから。安田さんはまだ若い（笑）。

安田　僕なんて全然ダメです。年を取って固くなったノドは息の通りを邪魔する。だから、すごい勢いで空気を吐き出す。するとすごい声が出る。これは声の大きさの問題ではない。それで、やっと何かに響く音が出るんです。早くそういう年になりたいと思っています。橋岡久馬（※1）という先生のお宅にお邪魔したときに伺ったお話なのですが、先生は若いころはとて

（※1）橋岡久馬
八世橋岡久馬。二〇〇四年没。観世流仕手方職分能楽師、重要無形文化財総合指定保持者

もいいお声だったけれども、大病を患われて内臓をかなり摘出された。そのおかげでいまの芸になったとおっしゃっていました。

――ノドは音の流れを乱す。演者が音をコントロールすることが難しくなりますね。「音をそろえる」ことの否定ってすごい。

安田　そうですね。そういう欠落こそが大事で、笛にわざわざそれをつくったのが能なのです。そのノドも実は、偶然の産物だったようです。

龍笛という雅楽でつかう笛と能管は、形はそっくりなのです。あるとき龍笛が折れてしまってそれでノドを入れたら、「これいいじゃん」という話になったのではないかと聞いたことがあります。

忘れるから生まれる世界

――人間には「確立」するよりも、「壊す」方が大切なのでしょうか。

安田　池上高志さんと、アンドロイドと人間はどこが違うのかという話をしているときに、「無主風から有主風」への変化はどうやって起こるのかという話になりました。「無主風」というのは主体性のない芸風、たとえば師匠をそっくり真似するような芸。「有主風」というのは、師匠とは違う主体性のある芸風です。そこでちょっと思考実験として、アンドロイドと僕が、同じ師匠から芸を学ぶと、どんな差が出るかを考えてみた。完璧なＡＩを備えたアンドロイド、プロプリオセプター（自己受容性感覚[※2]）も完璧だとする。彼と僕が師匠から二時間の稽古を受けたとします。アンドロイド君は自分の手足やからだの部位を認識して、師匠の謡や舞を完璧に真似ができる。人間の僕はどうかというと、師匠に二時間稽古をつけてもらって、その帰り道、覚えているのはおそらく一五分くらいの分だけ。あと一時間四五分、稽古をつけてもらった分は忘れている。数日後に師匠の前に出て、「この間のこと、やってみろ」と言われて、アンドロイド君は完璧にできるけれども、僕は出来てないから怒鳴られる。

――人は忘れる？

安田　しかし、アンドロイド君が、師匠と同じにはなれるかというと、それがダメなのです。なぜかというと、師匠は常に変化しているから。アンドロイド君ができるのはちょっと前の師匠の真似だけ。すなわち常に「師匠マイナス一（いち）」なのです。

じゃあ、人間はどうかというと、せっかく稽古してもらった分のほとんどの時間の分は忘れますでしょ。そうすると怒鳴られる。で、いっぱい、いっぱい怒鳴られているうちに何が

（※2）　自己受容性感覚
　プロプリオセプションとも言う。視覚を使わなくても、自分の手足や体の部分部分が空間のどこにあるか知る能力。

起こるかというと、その忘却した部分を自分のなかの蓄積で埋めようとするんです。この蓄積が大したことないうちは、まだ怒鳴られるわけです。でも、ある時にその蓄積が大量にたまると、師匠が言っていたこととは違うけれど、なんか師匠も「それもいいかも」というのが出来てくる。ここで師匠とは違う何か、すなわち「有主風」ができるのではないかと思うのです。

ここで大事なのは「忘却」と「疲労」です。

アンドロイド君は師匠が疲れない限り、何時間でも稽古できる。こっちは一五分以上やっていると、頭がぼーっとしてきて、もう入らない。この疲労と忘却が「有主風」が生成するためには最も大事なものではないか、と。

——アンドロイドが原核生物で、真核生物からは、人間ですか。

安田　まったく同じものだけを続けていったら、能は駄目になると世阿弥もわかっていたのではないでしょうか。だから必ず師匠とは違うものを生成していく。その精神が能には脈々と伝わっている。時々すごい突然変異を見出す仕組みをつくっているんですね。そこで大事なのは最初は「負」と見えた力です。

——能舞台に上がった障害者の気分です。

働くよこがお　あとがき

伊藤亜紗

本書を手に取られたみなさんに、ぜひおすすめしたいことがある。

それは、本書のもとになった連載が掲載された雑誌『コトノネ』を開いてみることだ。『コトノネ』は、単なる障害についての雑誌ではない。『コトノネ』は、働く障害者の姿を紹介する雑誌である。そして、そのことを通して、生きるよろこびを伝える雑誌である。

ページをめくると、なぜかジャズが聞こえてくるような気がするのだ。それも、しっとりしたソロとかではなくて、ノリのいいビッグバンドが。

とれたての野菜を振る舞う男性。

顔を泥だけにして遊ぶ子供。

黄色いヘルメットが似合う警備員。

働くひとの表情とはこんなにも美しいものなのか、とほれぼれしてしまう。果たして、わたしたちは、働いているとき、こんなにいい顔をしているだろうか。

デヴィッド・グレーバーが論じたように、現代はブルシット・ジョブ、すなわち「クソどうでもいい仕事」があふれる時代だ。決められたプロトコルに従って書類をまわすだけの管理職や、現場からすれば不必要なマネージャー、リクエストを担当に伝えるだけのコーディネーター職。

それにひきかえ、『コトノネ』に登場する人たちの、なんと晴れやかなことか。その表情はわたしたちに、働くことの意味を問いかけている。

わたしがその晴れやかな姿から聞き取ったのは、働くとはつまり、仲間とセッションするようなものだ、ということだ。

働くとは、仲間とともに頭や体を動かすことで、その人の隠れた可能性が引き出されていくことだ、ということだ。

ではどうやったら人と人はセッションできるのか？　その鍵は「スイング」ではないかと思う。つまり、揺れること。『コトノネ』には、実にたくさんの「揺れ」が描かれている。

なかでももっとも盛大に揺れているは、たぶん編集長の里見さんではないか。わたしが『コトノネ』本体と同じくらい楽しみにしているものに、毎号に添付される里見さんの手書きの署名つきの手紙がある。その手紙のなかで、里見さんはだいたい揺れている。

たとえば、第三二号の手紙にはこう書いてある。

「2012年1月に創刊しました。創刊号には連載記事がありません。連載記事のない雑誌はない。でも、わざと連載をつくりませんでした。連載記事を入れると、急に休刊にできないからです。いつでも、やめられるように連載を入れなかった。[…]3年経ったころには、休刊するつもりだったことを忘れていました。障害者福祉がすっかりたのしくなりました。障害者福祉は、障害者のためではなく、社会みんなの福祉であることにも気付きました。」とするからだ。

里見さんが揺れるのは、決められた目的ではなく、ワクワクすることの方に向かっていこうとするからだ。だから、みんなが参加できる。そのリズムに、みんなが巻き込まれる。

最初はやらないつもりだった連載なのに、「ぶっちゃけインタビュー」もすでに三二回とは驚きです。これからの『コトノネ』がどうなっていくのか、その賑やかな音のするほうへ、これからも耳をすませたいと思います。

初出一覧

里見喜久夫「「当事者」を生きる」(書き下ろし)

1

須藤シンジ「「ファッション」は、障害を超える」(『コトノネ』7号、二〇一三年)
坂口恭平「「ホームレス」と「ライフレス」」(『コトノネ』11号、二〇一四年)
東田直樹「地下水が聞こえる」(『コトノネ』25号、二〇一五年)
稲垣えみ子「電気コンセントを外して、ああ、さっぱりした。」(『コトノネ』24号、二〇一七年)
最首 悟「星子よ、頼ってばかりで、ありがとう」(『コトノネ』32号、二〇一九年)

2

向谷地生良「病む「つらさ」 病まない「むなしさ」」(『コトノネ』12号、二〇一四年)
六車由実「ようこそ、驚きの介護民俗学へ」(『コトノネ』20号、二〇一六年)
岡田美智男「「弱いロボット」だから、できること」(『コトノネ』22号、二〇一七年)
松永正訓「幸せの多様性」(『コトノネ』30号、二〇一九年)

＊収録に際し、適宜加筆・修正を行っている。

荒井裕樹「横田弘が拓いた道を、半世紀後、健常者が歩く」(『コトノネ』36号、二〇二〇年)

3

熊谷晋一郎「「用無し」の不安におびえる者たちよ」(『コトノネ』21号、二〇一七年)
伊藤亜紗「見えるから見えない世界　見えないから見える世界」(『コトノネ』23号、二〇一七年)
小川さやか「借金をしよう。返さず生きよう」(『コトノネ』25号、二〇一八年)
森田真生「「数学」で「障害」を解く」(『コトノネ』31号、二〇一九年)
安田　登「沈黙が共鳴する」(録り下ろし)
伊藤亜紗「働くよこがお」(書き下ろし)

【インタビュー・構成】
里見喜久夫（さとみ　きくお）
1948年、大阪府生まれ。株式会社ランドマーク、株式会社コトノネ生活などの代表取締役。2012年、季刊『コトノネ』を創刊、発行人・編集長。自然栽培パーティ（一般社団法人農福連携自然栽培パーティ全国協議会）、全Aネット（NPO法人就労継続支援A型事業所全国協議会）の設立にかかわる。著書に、絵本『ボクは、なんにもならない』（美術出版社）、『ボクも、川になって』（ダイヤモンド社）、『もんばんアリと、月』（長崎出版）、単著『いっしょが、たのしい』（はたらくよろこびデザイン室〔現・株式会社コトノネ生活〕）、共著『農福連携が農業と地域をおもしろくする』（株式会社コトノネ生活）など。

季刊『コトノネ』とは？――
2012年1月発刊。発行は株式会社はたらくよろこびデザイン室。2019年に株式会社コトノネ生活に社名変更。テーマは「社会を楽しくする障害者メディア」。障害者の生き方働き方を通じて、社会のこれからの在り方を探る。季刊『コトノネ』5号（2013年2月発行）から、本書のベースとなった連載〈ぶっちゃけインタビュー〉を開始。主に36号（2020年11月発行）に掲載した原稿までを転載した。

障害をしゃべろう！　上巻
『コトノネ』が考えた、障害と福祉のこと

2021年10月20日　第1刷印刷
2022年 2 月25日　第2刷印刷

著者　インタビュー・構成＝里見喜久夫（『コトノネ』編集長）＋
荒井裕樹／伊藤亜紗／稲垣えみ子／岡田美智男／小川さやか
熊谷晋一郎／最首 悟／坂口恭平／須藤シンジ／東田直樹
松永正訓／向谷地生良／六車由実／森田真生／安田 登

発行者　清水一人
発行所　青土社
東京都千代田区神田神保町1-29　市瀬ビル　〒101-0051
電話　03-3291-9831（編集）　03-3294-7829（営業）
振替　00190-7-192955

組版　フレックスアート
印刷・製本所　双文社印刷

装幀　小俣裕人

Printed in Japan
ISBN 978-4-7917-7414-2　C0030